2022年度江苏高校哲学社会科学研究重大项目“我国主流媒体在英美运营的法律风险及其应对策略研究”（2022SJZD105）阶段性成果

2023年度江苏省社科“学习贯彻党的二十大精神”研究专项课题“中美欧社交媒体平台有害内容治理比较研究”（23ZXZB037）阶段性成果

2023年度山东省高等学校青创科技支持计划“社交媒体信息失序现象成因及有效干预研究”（2023RW049）阶段性成果

U0821543

# 英国传媒规制中的公共利益研究

曹 然 著

苏州大学出版社
Soochow University Press

**图书在版编目(CIP)数据**

英国传媒规制中的公共利益研究 / 曹然著. -- 苏州：苏州大学出版社，2023.12
ISBN 978-7-5672-4635-5

Ⅰ.①英… Ⅱ.①曹… Ⅲ.①传播媒介－监管制度－研究－英国 Ⅳ.①G219.561

中国国家版本馆 CIP 数据核字(2023)第 235287 号

| | |
|---|---|
| **书　　名** | 英国传媒规制中的公共利益研究<br>YINGGUO CHUANMEI GUIZHI ZHONG DE GONGGONG LIYI YANJIU |
| **著　　者** | 曹　然 |
| **责任编辑** | 曹晓晴 |
| **出版发行** | 苏州大学出版社<br>(苏州市十梓街 1 号　215006) |
| **印　　刷** | 江苏凤凰数码印务有限公司 |
| **开　　本** | 700 mm×1 000 mm　1/16 |
| **印　　张** | 13 |
| **字　　数** | 201 千 |
| **版　　次** | 2023 年 12 月第 1 版 |
| **印　　次** | 2023 年 12 月第 1 次印刷 |
| **书　　号** | ISBN 978-7-5672-4635-5 |
| **定　　价** | 55.00 元 |

图书若有印装错误，本社负责调换
苏州大学出版社营销部　电话：0512-67481020
苏州大学出版社网址　http://www.sudapress.com
苏州大学出版社邮箱　sdcbs@suda.edu.cn

# 序

作为曹然博士的导师，重读他的书稿，发现相较于先前的版本，诸多地方有了修改。在阅读过程中，一些修订处如不时闪烁的小火花，令我眼前一亮。

传媒规制中的公共利益问题，作为一个学术研究的议题，具有复杂性。在中国的传媒法学术圈，表达自由问题在一定时期成为研究和关注较多的对象，而作为这枚硬币另一面的公共利益问题则相对受冷。

曹然以“英国传媒规制中的公共利益”为主题的研究和写作，从英国有了第一家印刷所、大众传媒逐渐成为一个行业的时代开始，顺着历史河流走向而下，阐释了英国的传媒规制如何从维护国王的权威逐渐转向尊重人们的出版自由、尊重人们对公共事务的讨论和批评政府的权利；英国社会管理的整体理念如何从维护国王的统治利益转向维护以公民利益为根本的现代社会的“公共利益”。随着无线电技术的发明和应用，大众传媒进入以广播电视信号为介质进行视听传播的时代。这个时代民主社会运转的基础，是每一个公民、每一个选民在广播电视机构传播的有限内容中以尽可能客观、充分的方式了解本地、本国的相关信息，进而对公共事务和政治选择做出自己的评价与判断，以此克服广播电视有限性带来的局限，广播电视规制中的公共利益理念为规制机制的探索和建立提供了方向指引。互联网的发展使得传媒形态发生了颠覆性的变化，此时一贯秉持保守主义价值观和具有经验主义哲学传统的英国针对新形态的传媒又是如何进行规制的？“公共利益”这张“普洛透斯的脸”又以何种面目示人？传媒规制中的公共利益的理念和制度实践，是理想主义的追求，是现实利益各博弈方都高擎的旗帜，还是投机和私利的遮羞布？在英国具体的社会历史实践发展语境中，要厘清这一问题确实是非常不容易的。首先，要占有大量的材料。其次，要思考在有限的篇幅内恰切地确立研究框架和文章结构，以一种客观而又有效率的方式选择和使用材料。最后，要将史论有机结合起来，将观察与思辨深度结合起来。曹然通过历史视角、现实视野的观察，大量搜寻把握英国不同时期的与传媒规制有关的法律政策文件及公共政策出台过程中产生的相关文献，结合传播学、政治学、社会学、法学等学科理论，通过艰辛的思考、深入的思辨，对英国传媒规制中的公共利益从价值观角度来看为何、从具体所指角度来看为何、从功能角度来看为何、从存在形态角度来看为何及其变化和争议的原因为何等多个必须考量的方面进行了阐释，从而较为清晰地揭示了英国传媒监管[1]中的公共利益。总体来看，研究结果实现了预期的目标，应该说这是这部著作突出的价值所在。

我曾在拙著《广播电视法中的公共利益研究》中写道："媒体管制中的公共利益问题，在西方发达国家就是一个关系到公共权力、表达自由与新闻自由之间的冲突与协调的问题，也是传媒组织的新闻自由、经济利益与社会公众的表达自由和知情权以及公众的社会文化权益平衡的问题。"[2] 无论是在思想领域、学术研究领域，还是在人类社会发展演进过程中的实践领域，"公共利益"（public interest）为所指称的观念、思想、制度、规则、活动等范畴，对人类社会、人类命运所产生的影响或许是最为重要、最为广泛的。在《英国传媒监管研究》一书中，我也阐述了自己的相关研究发现和思考：作为一个词语，"公共利益"出现的时间比"表达自由"要早得多，而且对于"言论自由""表达自由""报道自由"来说，其基本内涵和价值取向在大多数时候都接近一致，而"公共利益"则如"普洛透斯的脸"般变化万千，在不同时期，其内涵和价值取向差异巨大，甚至有时会完全相反。正如以《规制中的公共利益》一书而闻名的英国学者迈克·费恩塔克所言："公共利益的概念

[1] 本序中"监管""管制""规制"同义。

[2] 李丹林. 广播电视法中的公共利益研究［M］. 北京：中国传媒大学出版社，2012：217.

常常好像一个空瓶子，不同时候可以盛进去不同的内容。由于各色人等都试图往瓶子里灌进相互差异的价值，如果真的‘喝’下了瓶中之物，我们没办法确定喝到的在多大程度上确是自己所期望的。”[1]如此，研究传媒规制中的公共利益问题的价值得以突显，这也注定是一个富有挑战性的问题。而且，选择一个历史悠久的、域外的研究对象，更是极大地增加了研究难度。曹然选择攻克这样一个问题，在求学到任职期间一贯地保持着高度的研究热情。这些都说明了他的勤奋，也说明了他的才华。

如果说“规制”（regulation）是人类社会由传统社会转型到现代社会的过程中，政府从消极的“守夜人”转变为积极的管理者对社会生活领域进行干预的举措，那么我们要追问的是，在完成转型之前的时代，“规制”是怎样的？如果说这种转型更多地反映了理念和价值观的转变，那么这一转变前后各是怎样的情形？英国的传媒业一直是世界传媒业的标杆（特别是在前互联网时代），从大众传媒开始成为一个行业，英国的传媒业经历了人类社会迄今为止所有形态的控制和干预，这是一种怎样的情状和演进过程？如果说人的终极问题是“我是谁”“我从哪里来”“我到哪里去”，当这些问题延伸到个体之外的社会层面时，我们追问和了解传媒规制的前世今生也将是意义重大的。如果说“构建人类命运共同体”是一种宏伟的理想，我相信这一理想的实现是需要我们以一种认真和真诚的态度去了解和研究人类每一个部分的方方面面，研究他国的传媒规制显然非常重要，因为从某种意义上说，“人类命运共同体”是一个借助于传媒使人类精神连接在一起、形成共识的存在。由此，我们也可以从另一个层面看到这部著作的意义。

英国是一个传媒大国，这与其传媒规制发挥了至关重要的作用关系密切，但是相关的、深入的著作并不多见。曹然自攻读博士学位到现在，一直都在关注和研究英国的传媒规制问题，很值得肯定。博士毕业之后，他也发表了相关研究成果，本书最后所附的一篇文章，就是他作

---

[1] 费恩塔克．规制中的公共利益［M］．戴昕，译．北京：中国人民大学出版社，2014：3.

为第一作者的、具有很强实践意义的研究成果。我领衔撰写的于 2022 年出版的《英国传媒监管研究》一书也有他的贡献。

作为导师，在指导曹然的过程中，我对教学相长这一规律有很多体会。曹然攻读的是中国传媒大学传播学博士学位，具体方向是传媒政策与法规，该方向所属的学科领域是传媒法学。传媒法学以法学、新闻学、传播学为主要支撑，兼跨政治学、社会学等，是一个由多元学科交叉融合形成的学科领域。进入这个领域的学人和研究者需要具备多学科的专业基础。我以法学专业背景进入传媒法学领域进行研究和教学，经常需要拓展学习新闻学、传播学的理论知识，了解和把握这两大学科的前沿问题。曹然本硕专业是新闻学和传播学，无论是与他的直接交流，还是共同研究，我都能从他那里获得一些新知。在指导特定研究和论文写作过程中，他的一些思考和想法也会给我启发。在指导过程中，有时我可能提出一些简单的、感悟性的想法和观点，在他后来形成的论文中，有些被他以较为扎实的方式论证和系统化表达，有些被他证明具有偏颇性。有的时候，他所提出的问题也促使我去研究思考。总之，勤学好问善思的学生是导师不断进步的推动力。

我国传媒法学的开拓者魏永征先生是中国传媒大学传播学专业传媒政策与法规方向的首位博士生导师，我有幸于 2015 年成为魏老师的学生。魏老师对师孙们的学业关心、研究指导，其认真程度丝毫不逊色于授业弟子。记得我第一次要带曹然去见魏老师的时候，小伙儿对我说："李老师，我见了魏老师是不是要喊祖师爷呀！"每每想到此刻，如果他在我身旁，一定会看到我"莞尔一笑"。薪火相传，以魏老师为代表的几代传媒法学人共同耕耘的这片园地有曹然这样的有为青年继续奋斗，这是可喜的。

有的时候，我也会叫曹然"然博士"，这源于然妈对他的称呼。曹然的父母也都在高校工作，他们给了曹然非常好的家庭教养和做人引导。我进入中国传媒大学文化产业管理学院之后，参与了《大运河文化辞典》（江苏卷）的编纂工作。当我与团队其他成员前往苏锡常调研时，然爸然妈还有可爱又极富才华的运河文化研究专家陈璇女士给了我极大帮助，我们也成了朋友。我和然妈郭老师是同龄人，亦是同业，我时常会和她说起然博士。在我看来，然博士是一个心地善良、性情温厚、性格开朗、兴趣广泛、富有浪漫气质、深受吴文化影响和熏陶的青年才俊。

学无止境，这部著作还有需要深化研究和继续完善的地方。我相信曹然凭借他的勤奋刻苦、对学术研究的诚挚热爱及已经建构起来的良好学养基础，未来还会有更加优质的学术成果产生。

李丹林

2023 年 8 月 25 日 于北京·缦合

# 目 录

# 引　言

公共利益是贯穿英国传媒规制的一条主线：它构成了规制的合法性、正当性基础，在去规制化的大背景下甚至可以作为反对规制的依据；同时，它本身又是规制所期望实现的目标，更具体表现为一系列要求，包括传媒所有权的多样性、内容观点的多元化、新闻出版自由、保障公民基本权利（名誉权、隐私权）等。然而，回溯英国传媒规制的历史，不难发现主张公共利益的主体、公共利益的内涵和表现是不断变化的，它是不同集团之间博弈的产物——部分学者甚至质疑公共利益本身是否具有规范性的内容。但是，从英国近年来传媒领域的一系列调查报告、皇家特许状、司法判决书等文本中，笔者发现公共利益仍然是常见的关键词，因此认为公共利益仍然有其自身的价值。

鉴于本书的研究对象是英国传媒规制中的公共利益，本书的研究内容主要围绕以下三个方面的问题展开：一是在不同历史时期，英国传媒规制中的公共利益具体表现为什么？有哪些变化？二是在网络环境中，英国传媒规制中的公共利益是如何被继承和维护的？三是如何在更抽象的理论脉络中找到传媒规制中公共利益的定位？为了将研究过程更充分、完整地展现出来，为了使论证和阐释更严谨、深入，本书构建了由“绪论”“传媒规制与公共利益概述”“不同时期英国传媒规制中的公共利益”“当代英国传媒规制中的公共利益”四个部分组成的框架。

“绪论”部分介绍了本研究的选题依据（包括研究背景、研究意义及文献综述）、研究思路与方法、研究框架、创新与不足。“传媒规制与公共利益概述”部分对传媒规制中的公共利益做了基本的概念界定，指出传媒规制的目标是实现那些关乎国家和人民的、关乎公共事务的重要的、普遍的和共同的福利、合法要求或权利，而这些福利、合法要求或权利全部体现在针对传媒制定和推行的政策、法规，以及财政或市场控制、从业者的专业实践和对公共服务的普遍信仰等其他形式的干预手段、影响因素中。并且，在一种理论脉络中找准了公共利益的定位，发现了功利主义是其观念基础，公共选择、公共理性等进路为其提供了判断依据，而“强调合作的公共利益”和“强调价值负载的公共利益”则突出了公共利益的概念在过去经常被忽略的部分。“不同时期英国传媒规制中的公共利益”部分将英国传媒规制的历史划分为“19 世纪之前”“19 世纪到 20 世纪 70 年代”“20 世纪 70 年代到 2010 年代”三个阶段，力图呈现公共利益在各历史阶段的主要表现和特征，分别是“维护国王利益”“保障公民利益”“满足消费者利益”。“当代英国传媒规制中的公共利益”部分在第三部分揭示的相关事实、研究发现和得出的结论的基础上，结合现实观察，概括出英国传媒规制中的公共利益在“所有权-竞争”“司法-个人权利”“理念-价值观”三个维度上的存在形式，从而为后面的研究限定好方向和范围。从横向上展现了当前英国围绕公共利益构建的传媒规制体系，以及这一体系中公共利益的具体表现，首先论证了英国传媒规制体系明显地受到该国其他领域规制体系的影响，分析了英国的传媒规制主体、传媒规制手段和传媒规制机制；其次呈现了针对新闻、广告和淫秽色情内容三种传媒内容的规制；最后列举了围绕传媒规制中公共利益的争论，包括“传媒规制中公共利益的内容、主张主体和实现方式”“多元主义和多样性是‘虚假’的吗?”“普遍服务原则的简单化、形式主义和理想化”等，并分析了驱动传媒规制中的公共利益变化的因素，包括自由主义的发展、社会政治环境的变化、技术变革等。在此基础上，结合更广阔的社会背景探讨了传媒规制中公共利益的形塑因素和推动其变迁的意识形态根源。

# 第一章　绪　论

## 第一节　研究背景

媒体融合时代已经到来。在传媒资源极大丰富的当下，传媒规制的必要性、正当性基础，是否因技术的进步、社会主要矛盾的变化而受到冲击？在媒体融合的背景下，传媒规制的意义、价值是什么？如果承认对传媒进行规制的必要性，那么应当在哪些价值原则的指导下，通过怎样的过程来推动产业发展、回应技术变迁，同时保障社会效益，实现规范目标？具体来说，作为世界传媒业的标杆，英国的传媒规制体系有什么特色？有哪些值得注意和借鉴的地方？

事实上，这些问题即使在英国学界内部也存在着一些争论。在此，笔者所做的一个基本判断是：公共利益是贯穿英国传媒规制的一条主线，它构成了规制的合法性、正当性基础（有时甚至可以作为反对规制的依据），本身又是规制所期望实现的目标。在传媒规制领域，公共利益具体表现为一系列要求，如传媒所有权的多样性、内容观点的多元化、新闻出版自由、保障公民基本权利（名誉权、隐私权）等。通过回溯英国传媒规制的历史可以发现，主张公共利益的主体、公共利益的内涵和表现是不断变化的，它们受到意识形态、市场经济等各方面因素的影响，是不同集团之间博弈的产物。因此，部分学者甚至质疑公共利益本身是否具有规范性的内容，从而导致了鼓吹放弃公共利益的论调的产生。然而，通过考察英国近年来传媒领域的一系列调查报告、皇家特许状、司法判决书等文本，笔者发现公共利益仍然是常见的关键词，因此认为公共利益仍然有其自身的价值。

所以，本书力图对“英国传媒规制中的公共利益”进行全方位、系统性的研究，全面揭示它在纵向和横向两个维度上的具体表现，并且考察它是如何与政治、经济、意识形态等因素相互形塑而发展变化的。

## 第二节 研究意义

如果以全球化范式观察，英国传媒产品在世界范围内的覆盖面极广、影响力甚巨，研究其传媒规制问题的意义显然已经超出其一国范围，民族国家体系已经无法继续满足其传媒规制的要求。但是，全球传媒市场无法自行调节，需要依赖一系列规则、法律来保证自身正常运行，而提供这些规则和法律的国际组织仍然处于非常弱势的地位，因此其不得不以民族国家体系为基本支撑。同时，以“公共利益”的名义进行的传媒规制，其约束效力往往不超出一国范围——出于政治、经济等目的考虑，当国家认为传媒活动有悖“公共利益”时，国家就被赋予正当的权力进行干预。这样一来，研究英国传媒规制中的公共利益就有了很强的现实意义，英国回应国内和国际挑战的方式决定了其传媒规制中的公共利益所呈现的面貌，尤其是英国“脱欧”之后的新变化更需要持续观察和研究。

从理论层面看，“公共利益”长着一张普洛透斯[1]的脸，其定义极其多样，其内涵和外延从未得到统一的，甚或是明确的界定。当它被应用到食品安全、征地拆迁、环境保护、传媒规制等不同领域，或者传媒规制的不同阶段时，它往往又表现为一系列截然不同的要求，以至于人们难免担心：“公共利益”到底有无内在的、一致的规定？“公共利益”是否会成为特定时期占优势地位的阶层维护和扩大自身特殊利益的幌子？对于这些问题，国内学界鲜有全面、到位的阐述。因此，对“公共利益”这一范畴进行深入研究，兼具非常重要的理论和现实意义。

[1] 普洛透斯（Proteus）是古希腊神话中的一位早期海神，拥有预知未来的能力，但他经常变化外形使人无法捉到他，他只向捉到他的人预言未来。

# 第三节 文献综述

## 一、国内研究现状

笔者在开展研究和撰写书稿期间，收集到的国内与本研究主题相关的学术文献和其他相关资料，按研究角度和旨趣可分为几大类别：从一般意义上界定“公共利益”概念的研究，从政治哲学、公共行政学、法学等专门领域厘清“公共利益”的研究，从新闻传播学角度梳理和分析具体“传媒规制”的研究，以及少数从跨学科的视角将“公共利益”与“传媒规制”结合起来，试图揭示两者之间关系的研究。下面从“关于公共利益的一般研究和专门研究”“关于传媒规制的研究”“将传媒规制与公共利益相结合的研究”三个层次分别进行述评。

### （一）关于公共利益的一般研究和专门研究

国内对“公共利益”问题的研究主要来自政治哲学、公共行政学、法学等不同学科领域，在适用的研究对象上主要涉及政府的“征地拆迁”(土地作为一种具有排他性的重要资源，与作为“喉舌”“社会公器”的传媒既有共性，也有区别)，因此思考路径、具体观点不尽相同——从公共选择理论切入、从政治过程切入、从法律文本解释切入等——需要做创造性的转化。

值得关注的是，《法学论坛》2005 年第 1 期集中刊登了宪法学者围绕公共利益问题展开的一系列讨论，包括韩大元的《宪法文本中“公共利益”的规范分析》、胡锦光等的《论公共利益概念的界定》、范进学的《定义“公共利益”的方法论及概念诠释》、郑贤君的《“公共利益”的界定是一个宪法分权问题——从 Eminent Domain 的主权属性谈起》、张翔的《公共利益限制基本权利的逻辑》、张千帆的《“公共利益”是什么？——社会功利主义的定义及其宪法上的局限性》。

在这一系列讨论中，韩大元区别了英美法系和大陆法系对“公共利益”的界定，指出在英美法系中，公共利益也被称为“公共政策”(public policy)，是“被立法机关或法院视为与整个国家和社会根本有关的原则和标准”，可以使法院有理由拒绝承认当事人某些交易或其他行为的法律效力；而“公共利益法律”则是对民权法、济贫法、环保法、医疗保障法等涉及社会公众利益的法律的总称。[1] 胡锦光等从公共选择理论出发，指出“对于大多数人的公共利益，容易出现主张者缺位的问题”，所以“由法律来确认或者形成客观的公共利益成为法治社会的普遍做法”。同时，他们还辨析了公共利益与我国宪法上近似概念——国家利益、社会利益、集体利益之间的关联和区别，并将公共利益确定为这三种利益的“上位概念”，而公共秩序、社会秩序、社会治安和国家安全则都属于公共利益的范畴。[2] 张千帆从方法论的个体主义出发，论证了社会功利主义为“公共利益”提供了最恰当的定义。他认为，由于以选举为手段的现代民主所采取的多数主义规则与公共利益的功利主义定义有着显著的相似性，对于获得最高选票的候选人，可以期待他们作为议员聚集到议会之后制定出符合公共利益的法律，因此“民主是公共利益的最有效制度”。在多数主义民主规则下，为追求公共利益而产生的侵犯少数人基本权利的情形则“被保留给宪政来处理”。[3] 这些对公共利益问题的研究极具价值，可以说是中国大陆早期有关公共利益问题的最具启发性的重要文献。

在宪法、行政法之外的民法领域，媒体传播的表达自由与公民名誉权、隐私权等人格权之间的潜在冲突也是探究公共利益问题时所要重点讨论的对象，从中延伸出关于公共言论、公众人物、英烈保护、舆论监督等一系列命题的相关研究。王伟亮的《英国〈2013 年诽谤法〉公共利益抗辩之考察：历史、规则与适用》对作为通过判例形成的抗辩事由

[1] 韩大元．宪法文本中“公共利益”的规范分析 [J]. 法学论坛，2005，20 (1)：5-9.

[2] 胡锦光，王锴．论公共利益概念的界定 [J]. 法学论坛，2005，20 (1)：10-14.

[3] 张千帆．“公共利益”是什么?：社会功利主义的定义及其宪法上的局限性 [J]. 法学论坛，2005，20 (1)：28-31.

的“雷诺兹特权”是如何通过十几年的发展而逐渐成为《2013 年诽谤法》中的“公共利益抗辩”的历史过程做了梳理，并通过考察相关判例，发现了雷诺兹特权与公共利益抗辩之间的联系和差异。[1] 罗斌的《传播侵害公共利益维度下的“英烈条款”——〈民法总则〉第一百八十五条的理解与适用》指出，从立法背景、条文内容及民法平等原则考虑，“英烈条款”的核心目的是维护媒体传播所侵害的社会公共利益。[2] 李延枫的《网络媒体条件下公共言论的特殊保护：从身份到公共利益》指出，公共言论特殊保护路径出现的融合趋势，对于我国建立诽谤法上的公共利益原则具有一定启示。[3]

此外，孙笑侠的《论法律与社会利益——对市场经济中公平问题的另一种思考》指出，传统理论对“社会利益”的理解存在偏差，不能适应社会主义市场经济的新的社会条件。[4]楼利明的《论公共利益——一种哲学式的诠释》通过考究康德、罗尔斯和哈贝马斯的“公共理性观”，发现公共利益的实质是公共理性与利益多样化对抗后的一种平衡。[5]房德玖的《公共利益问题探究——从公共理性的视角看》从政治哲学的视角出发，对“公共利益”应是什么做了理论论证。[6]

**（二）关于传媒规制的研究**

从总体上看，国内新闻传播学界有关英、美等西方发达国家传媒规制问题的研究中，已有部分做了概况式梳理和分析，其中个别关于英国传媒公共体制的研究虽然或多或少触及了“公共利益”问题，但仍然更

[1] 王伟亮．英国《2013 年诽谤法》公共利益抗辩之考察：历史、规则与适用［J］. 新闻与传播评论，2017（1）：81－111.

[2] 罗斌．传播侵害公共利益维度下的“英烈条款”：《民法总则》第一百八十五条的理解与适用［J］. 社会科学文摘，2018（5）：80－82.

[3] 李延枫．网络媒体条件下公共言论的特殊保护：从身份到公共利益［J］. 河北法学，2019，37（3）：79－89.

[4] 孙笑侠．论法律与社会利益：对市场经济中公平问题的另一种思考［J］. 中国法学，1995（4）：53－61.

[5] 楼利明．论公共利益：一种哲学式的诠释［J］. 浙江学刊，2007（4）：140－143.

[6] 房德玖．公共利益问题探究：从公共理性的视角看［D］. 天津：南开大学，2010.

多地将其视为“公共广播政策”“公共广播体制”的内在特质加以说明，而不是将其作为干预或规制的价值目标或合法性依据抽离出来做专门分析。这些研究包括魏永征等的《西方传媒的法制、管理和自律》、金冠军等的《当代传媒制度变迁》、张咏华等的《西欧主要国家的传媒政策及转型》、国家广播电影电视总局发展研究中心的《国外广播影视体制比较研究》和《发达国家广播影视管理体制和管理手段研究》、肖叶飞的《媒介融合语境下西方国家广播电视规制的变革》等。

也有一些具体的国别研究，比如李继东的《英国公共广播政策变迁与问题研究》对英国公共广播政策变迁的动因分析非常详细和清晰，采用了系统论的思维方式，从时间维度划分了“前撒切尔时代”和“后撒切尔时代”，进一步分析了前撒切尔时代英国公共广播政策变迁的三大动因：社会环境变化与技术发展、现代自由主义与英国保守主义、精英决策与渐变主义；后撒切尔时代英国公共广播政策变迁的四大动因：社会环境与公共政策变化、新技术的发展与市场变化、新右派与第三条道路、利益集团的博弈与理性主义。[1] 此外，李继东的《论英国公共广播电视理念的缘起与嬗变》《西方广播电视公共服务的价值理念、基本原则和运行路径》等文章延续了他在这个问题上的思考。喻国明等的《中国媒介规制的发展、问题与未来方向》指出，改革开放以来，中国媒介规制总体呈现“放松管制”的趋势，但在此过程中也出现了媒介规制的机构设置不合理、媒介规制不透明、媒介规制缺乏常规化、媒介寻租现象严重等弊端，因此必须开展媒介规制改革，包括建立传媒业统一的国家规制与管理部门、建立科学有效的媒介规制效果评价体系、健全法治体系，以及区别管理不同地区和不同媒介等。[2]

---

[1] 李继东．英国公共广播政策变迁与问题研究［M］．北京：中国传媒大学出版社，2007：52－75.

[2] 喻国明，苏林森．中国媒介规制的发展、问题与未来方向［J］．现代传播（中国传媒大学学报），2010（1）：10－17.

### （三）将传媒规制与公共利益相结合的研究

将对传媒规制的梳理、分析与对公共利益的研究相结合意味着研究的进一步深化。这些研究大部分与本研究主题相关，对本研究产生了积极影响，但仍然不足以完全支撑本研究的结论，尚有进一步挖掘的空间。夏倩芳的《公共利益与广播电视规制——以美国和英国为例》以美国（商业主义传统）和英国（公共服务传统）为例，讨论了“广播电视规制”与“公共利益”的关系。[1] 但是，她将“广播电视规制”与“公共利益”并列，不像本研究旨在发现“传媒规制”中的“公共利益”，因此两者在研究视角上有很大不同。宋华琳的《美国广播管制中的公共利益标准》梳理了美国广播管制中的公共利益标准的产生、发展和变化的脉络，给国内当时关于公共利益的讨论很大启发。[2] 李良荣等的《论中国新闻改革的优先目标——写在新闻改革 30 周年前夕》和《守住底线——论新闻界的三次反思》分别从横向和纵向维度讨论了公共利益问题，前文指出传播业必须坚持“公共利益至上”是新闻传播学界的共识，后文指出媒体的公共性与“公共利益至上”的宗旨适用于一切的所有制、社会制度，但中国目前还没有形成针对维护“公共利益”的有效制度约束，仅仅依靠个人的良知来实施。[3][4]李丹林的《广播电视法中的公共利益研究》对于本研究有较为直接的参考、借鉴意义。该书从发达国家广播电视法中“公共利益”的一般内涵切入，结合美国的具体个案，探讨了美国广播电视法中“公共利益”的缘起、发展、演变，以及其内涵、表现、功能，并且归纳了相关争议、制约因素。[5] 张春华的《传媒体制、媒体社会责任与公共利益——基于美国广播电视体制变迁的反思》沿着美国广播电视体制历史变迁的线索，分析了“公

[1] 夏倩芳．公共利益与广播电视规制：以美国和英国为例［D］．武汉：武汉大学，2006.

[2] 宋华琳．美国广播管制中的公共利益标准［J］．行政法学研究，2005（1）：28－40.

[3] 李良荣．论中国新闻改革的优先目标：写在新闻改革 30 周年前夕［J］．现代传播（中国传媒大学学报），2007（4）：1－3.

[4] 李良荣，李彩霞．守住底线：论新闻界的三次反思［J］．新闻大学，2008（1）：44－48.

[5] 李丹林．广播电视法中的公共利益研究［M］．北京：中国传媒大学出版社，2012.

共利益”在不同规制模式下的差异化呈现，包括“公众委托模式”下公共利益的确保和“市场模式”下公共利益的受损。[1] 燕道成的《公共利益：传媒伦理的价值诉求》从传媒伦理的角度论证了“公共利益”的重要性，指出“公共利益”既是传媒伦理建设的出发点，又是传媒伦理致力实现的目标，理应成为传媒伦理的价值基础。同时，以公共利益为传媒伦理的价值基础，实现了义务论与目的论的统一和升华，使传媒伦理具备了很强的实践品质。[2] 这与本研究的思路基本一致，只不过研究对象由“传媒伦理”变成了“传媒规制”。刘必华的《转型社会中的大众传媒与公共利益》在转型社会的背景下关注传媒为“公共利益”服务的理想与实践之间的差距，并且探讨是什么原因造成了应然与实然之间的差距，以及传媒维护“公共利益”的宗旨如何得以实现的问题。[3] 彭增军的《“创可贴”还是“灵芝草”：非营利新闻能拯救新闻业吗?》结合美国的具体环境，认为“journalism”（勉强可译为专业主义新闻）是以公民为服务对象、以公共利益为出发点和归宿的新闻生产行为和结果，在理论上、逻辑上，商业同新闻专业主义的核心——公共性是冲突的，非营利新闻才是出路——这就厘清了“公共利益”与“公共产品”“公共性”之间的逻辑关系。[4] 此外，加拿大华裔学者赵月枝的《公众利益、民主与欧美广播电视的市场化》、中国台湾学者林承宇的《当“稀有”可能不再“稀有”：重返广播电波频谱“稀有性”的规范立论》都有较高参考价值。

总体来看，国内学者的介绍、分析为本研究的进一步深入奠定了基础，提供了很好的起点。但现有研究对“公共利益”本身到底是什么、“传媒规制中的公共利益”具体表现为什么及发生了什么样的变化等问题缺少经验

[1] 张春华．传媒体制、媒体社会责任与公共利益：基于美国广播电视体制变迁的反思［J］．国际新闻界，2011，33（3）：58－64.

[2] 燕道成．公共利益：传媒伦理的价值诉求［J］．理论导刊，2014（1）：79－81，84.

[3] 刘必华．转型社会中的大众传媒与公共利益［M］．北京：中国传媒大学出版社，2017.

[4] 彭增军．“创可贴”还是“灵芝草”：非营利新闻能拯救新闻业吗？［J］．新闻记者，2019（2）：46－50.

性的分析，而是更多停留在口号式的呼吁、强调的层次上。具体到研究对象，针对美国及作为整体的“欧美”“西方”“发达国家”的研究已有不少，但真正聚焦于英国传媒规制中的公共利益的研究并不多见。

## 二、国外研究现状

通过检索、收集和梳理与“传媒规制”“公共利益”有关的外文文献、研究专著及其他相关资料可以发现，国外涉及“传媒规制中的公共利益”的研究已积累了相当数量，而其中与本研究直接相关的可以按照“关于公共利益的一般性研究”和“关于英国传媒规制中的公共利益的研究”的分类加以呈现。

### （一）关于公共利益的一般性研究

一般认为，纽约市立大学的弗吉尼亚·赫尔德（Virginia Held）较早论述了公共利益。她在《公共利益与私人利益》中将对公共利益的界定归纳为“多数论”（大多数人的利益就是公共利益）、“共同利益论”（拓展到所有公民）和“共识论”（体现为一种公民的共同价值观）。[1]然而，“多数论”界定受到诟病［详见英国学者迈克·费恩塔克（Mike Feintuck）的相关论述］，被认为是过度简单化的“数人头”；“共同利益论”界定缺少规范性的内涵；因此，“共识论”界定相对来说更接近公共利益的本质。登哈特（Denhardt）夫妇的《新公共服务：服务，而不是掌舵》从公共行政学的角度将公共利益归纳为四种类型：“规范论”（把公共利益视作一种政府决策的规范性道德和伦理标准）、“废止论”（公共利益的概念是无用的、无意义的）、“政治过程论”（公共利益通过各种利益集团或政党之间的博弈而实现）和“共同利益论”（存在着公民期望和认同的共同价值，公共利益是对这种共同价值讨论的结果）。[2]费恩塔克在《规制中的公共利益》中比较了一般意义上界定规制中的公共利益的“经济学标准”、“私人利益标准”和“作为民主性的根本要求

[1] HELD V. The public interest and individual interests [M]. New York: Basic Books, 1970.
[2] 登哈特．新公共服务：服务，而不是掌舵［M］．丁煌，译．北京：中国人民大学出版社，2004.

标准”，他认为采用最后一种界定标准可以让公共利益具有一种负载的价值，更能够使它独立于当时主导的价值子集，成为规范性的基础（不同于前两种服务现状的规制中的公共利益的界定方式），更不容易被当时握有权力者俘获。[1]

**（二）关于英国传媒规制中的公共利益的研究**

詹姆斯·卡伦（又译詹姆斯·卡瑞或詹姆斯·柯兰，James Curran）、费恩塔克和丹尼斯·麦奎尔（Denis McQuail）的成果非常丰富，可资借鉴。麦奎尔在《麦奎尔大众传播理论》一书中，就公共利益对大众媒介的要求罗列出“出版自由”“媒介所有权的多元化”“信息、观点和文化的多样性”“对公共秩序和国家安全的支持”“广泛的（近乎普遍的）覆盖范围”“公众可以获得的高质量的信息和文化”“对民主政治体系（公共空间的）的充分支持”“对个人和普遍人权的尊重”“避免对社会和个人造成伤害和侵犯”等具体内容。[2] 然而，麦奎尔并没有在该书中对这些涵盖广泛的要求彼此之间是否兼容、一旦出现冲突该怎样化解，以及是否具有普遍性等问题做进一步讨论。在《媒介政策的范式转变：一种新的传播政策范式》一文中，简·冯·库伦伯格（Jan van Cuilenburg）和麦奎尔从时间维度将美国和西欧国家的传播与媒介政策的变化划分为三个阶段：新兴传播业政策范式（二战前）、公共服务媒介政策范式（1945—1980/1990 年）、现阶段的政策范式（1980/1990 年至今），指出第一阶段的传播政策主要追求政府和财政集团利益；第二阶段的媒介政策主要考虑社会政治因素而不太关注经济或国家战略因素；现阶段的媒介政策“应当为公共利益服务”，在政治、社会和经济价值这三种价值之间寻求新的平衡。[3]

---

［1］ 费恩塔克．规制中的公共利益［M］．戴昕，译．北京：中国人民大学出版社，2014．

［2］ 麦奎尔．麦奎尔大众传播理论：第五版［M］．崔保国，李琨，译．北京：清华大学出版社，2010．

［3］ VAN CUILENBURG J，MCQUAIL D. Media policy paradigm shifts：towards a new communications policy paradigm ［J］. European Journal of Communication，2003，18（2）：181－207.

如前文所述，费恩塔克在《规制中的公共利益》中建立了一般性的“公共利益”框架，突出“公民身份”（citizenship）的价值。在此基础上，费恩塔克反思了英国在传媒规制领域的公共利益问题，借用麦克·艾略特（Mike Elliott）“追赶远去的公车”的比喻，生动形象地说明了英国对传媒市场采取的规制性对策的被动性，即传媒市场的变化速度越来越快，由此而来的风险就是被动性规制及法律制定、规制实践疲于应对市场和技术方面的变化，而不是预先制定价值和目标明确的法律。费恩塔克指出，这种被动性明显地体现在英国政府于 1981 年、1990 年、1996 年和 2003 年分别对媒体规制的立法依据进行大幅调整。这些调整一方面暗示着规制行动缺乏有效性，另一方面又表明规制结构缺乏稳定性。就《2003 年通信法》来说，它没有明确各种价值的等级序列，尤其是没有能够赋予公共利益价值相比于其他价值更优先的顺位，而是让这些价值（主要指公共利益）“势单力孤地暴露在市场力量和规制者自由裁量权的面前”。因此，费恩塔克明确表示：“除非已经适当完成了对相关深层价值加以识别并进行足够清晰表述这一前置性的任务，试图设计能够对这些价值加以有效保护或促进的制度结构是不太可能成功的。如果没有确立原则和目标的清晰等级序列，诸如甄别跨媒体组织市场份额这样的技术性规制难题会变得更加复杂，而采取有效的行动也会变得没有可能。”[1]此外，费恩塔克和迈克·瓦尼（Mike Varney）的《媒介规制、公共利益和法律》一书就此问题做了更细致的观察和研究。[2]

以传统眼光看，在英国，报纸一般被理解为享有新闻自由的主体，基于报刊的新闻自由的获取以一系列法律压制手段（在本研究中，这些法律压制手段被广义地理解为规制手段）被解除为重要标志，包括星法院被撤销（1641 年）、报刊许可制终结（1695 年）、《福克斯诽谤法》颁布（1792 年）、知识税废止（1853 年至 1861 年）。然而，卡伦和珍·辛

[1] 费恩塔克．规制中的公共利益［M］. 戴昕，译．北京：中国人民大学出版社，2014：151.

[2] FEINTUCK M, VARNEY M. Media regulation, public interest and the law［M］. 2nd ed. Edinburgh: Edinburgh University Press, 2006.

顿（Jean Seaton）在《有权无责：英国的报纸、广播、电视与新媒体》中挑战了关于英国媒体发展史的主流叙事，并且斥之为所谓“辉格史观”或“想当然的自由主义多元论”，引入了一种“阶级分析”的视角：19世纪中期那段时间并没有开创报业自由独立的新纪元，事实上只是取而代之以一个新的报业审查系统，这个系统的审查比以往任何时期都更实际、更有效。当那些法律压制手段无法将报业纳入社会秩序的领域之中时，市场力量开始逐渐发挥作用。比如，为了应对越来越多拒绝缴纳印花税的报纸（尤其是拒绝缴税的、潜在地威胁着社会秩序的激进报纸），当时的辉格党政府采取了一系列反制措施，包括加强政府搜查和没收私人财产的权力、增加对拥有未纳税报纸的出版商的罚金，而最重要的是将印花税的金额降低至原来的四分之一——大幅降低印花税带来的一系列连锁反应最终从经济结构上彻底摧毁了激进报纸，使之无法与政治立场保守的通俗报纸在市场上相抗衡。[1] 基于这些发现，卡伦言辞犀利地指出：“以往被认为是新闻自由里程碑的那些政策，无论是从目的还是从实际效果上讲，本质上都是一种压制手段。”[2]值得一提的是，卡伦进一步发现，在议会反对“知识税”的斗争中，改革派强调的其实并不是自由主义原则，而是针对底层民众的“政治教育”和“使英国社会保持稳定”。在当时的特定时代条件（欧洲大陆处于1848年欧洲革命带来的动荡之中，急需重建社会秩序）下，这些起主导作用的价值原则构成了对当时的报业进行干预、控制的目的和合法化依据。

卡伦在《媒体与权力》中扩展了他关于“辉格史观”的反思，一共梳理出六种相互对立的媒体史叙事，分别是自由主义的叙事、女性主义的叙事、民粹主义的叙事、自由意志论的历史叙事、人类学取向的历史叙事、激进主义的历史叙事，作为原先呈线性发展的、单一的历史

[1] 卡瑞，辛顿．有权无责：英国的报纸、广播、电视与新媒体：第7版［M］．栾轶玫，译．北京：清华大学出版社，2016.

[2] 卡瑞，辛顿．有权无责：英国的报纸、广播、电视与新媒体：第7版［M］．栾轶玫，译．北京：清华大学出版社，2016：10.

观——也就是占主导地位的自由主义叙事的对照。卡伦还通过描述 18 世纪、19 世纪和 20 世纪新媒体（呈动态发展的相对概念）的兴起和影响来论证新媒体与既有权力之间的关系，明确指出新媒体所产生的影响主要取决于其运作过程中是如何受到规范的，以及它们与周围环境之间能够取得多大程度上的和谐，这就突显了新媒体“规范”及社会互动的重要性。[1] 除了《媒体与权力》外，卡伦等的《互联网的误读》等在梳理英国传媒史方面具有较高的参考价值。

来自那些官方、半官方身份的学者的成果为本研究提供了重要的支撑材料。比如，作为英国广播公司（British Broadcasting Corporation, BBC）官方历史学家的辛顿，就在《“左翼和叛国者”：英国广播公司与国家（1974—1987）》（‘*Pinkoes and Traitors*’: *the BBC and the Nation*, *1974 -1987*）中揭示了撒切尔夫人与 BBC 之间的一系列历史纠葛，为本研究深入理解 20 世纪 70 年代到 90 年代英国的传媒规制提供了宝贵的材料。又如，作为布莱尔政府（1997—2007）的新闻秘书、战略顾问的阿拉斯泰尔·坎贝尔（Alastair Campbell），就在自己的日记［详见《布莱尔时代：阿拉斯泰尔·坎贝尔日记选》，由理查德·斯托德（Richard Stott）整理］中以未经任何修饰、润色的方式讲述了在媒体 24 小时不间断监督下的政治、进步和挫折，声誉的建立及毁灭，以亲历者的视角反映了那个时代的一系列重要事件，呈现了政府与媒体之间的博弈。[2]

此外，还有许多分析传媒与社会、传媒与民主政治的关系的研究，从宏观层面呼应了传媒规制中的公共利益问题，如尼克·史蒂文森（Nick Stevenson）的《认识媒介文化：社会理论与大众传播》、约翰·基恩（John Keane）的《媒体与民主》、卡伦等的《大众媒介与社会》、科林·斯巴克斯（Colin Sparks）的《全球化、社会发展与大众媒体》

[1] 卡伦．媒体与权力［M］．史安斌，董关鹏，译．北京：清华大学出版社，2006.
[2] 坎贝尔．布莱尔时代：阿拉斯泰尔·坎贝尔日记选［M］．张萍，秦楠，孙晓云，译．南京：南京大学出版社，2014.

等。部分未被翻译成中文的英文文献，包括让-克洛德·伯格曼（Jean-Claude Burgelman）的 *Regulating Access in the Information Society: the Need for Rethinking Public and Universal Service*、克里斯托弗·G. 弗勒德（Christopher G. Flood）等的 *Between Impartiality and Ideology: the BBC's Paradoxical Remit and the Case of Islam-related News*、费奥纳·施奈德（Fiona Schneider）的 *CAP Publishes 'Online Remit Update'*，也都对英国传媒规制所面临的不同问题进行探讨，在此只做挂一漏万的列举。

总的来说，现有的文献资料为开展本主题的研究奠定了良好的基础，但是与本主题直接相关的研究寥寥无几，或者即使在主题上与本研究相关，但在研究思路、侧重点上与本研究存在着重要不同，因而在研究发现上也与本研究有很大差别。由此，可以推断，对英国传媒规制中的公共利益的研究有重要价值。

## 第四节 研究思路与方法

本研究首先从历史的纵向视角梳理了英国自大众传媒产生以来的传媒形态、传媒管制，以及特定时期英国的政治、经济、法律、文化的发展变化；其次呈现了历史的横截面，展开分析了英国传媒规制的构成体系、制度特征。在搭建了这样一个纵横交错的坐标系之后，本研究对传媒规制中的公共利益进行了理论观照和思考。当然，对于传媒规制领域的新闻自由问题此前已有诸多研究，本研究为了更好地探寻英国为什么会形成现有的传媒规制，力图对传媒规制领域的公共利益问题做更细致的研究。从方法上看，本研究并非纯粹通过抽象的概念思辨直击公共利益问题，而是通过对具体的规制实践——包括相关立法、司法，具体的规制政策、规制行为，以及影响规制形成的相关因素的分析，从一个实然层面不断接近其精神内核。如果说既有的研究表明在进入网络时代之前公共利益曾经被普遍地认为是传媒规制的原则，那么进入网络时代之后，英国的传媒规制又是什么样的情形？公共利益在其中发挥着怎样的作用？在梳理既有研究的基础上，本研究再将对传媒规制中公共利益的探讨推进到网络时代，做进一步的揭示。

本研究所呈现的主要是英国问题而较少涉及本国问题，这更多是出于内容篇幅考虑，笔者期望能够在有限的篇幅内对英国一国的具体情形做全面、深入的剖析。当然，这可能会受到一些质疑——如果对本国问题没有一定的研究基础，如何能够对他国做出真切的了解和深入的研究？进而，如何突显研究他国问题的现实意义？笔者会在后续的研究中持续关注本国问题。

基于研究目的，本研究采用了以下研究方法。

文献研究法：本研究所涉及的文献，既包括讨论公共利益与传媒规制的来自新闻传播学界的成果，也涉及法学、政治学、社会学等其他学科的基本概念、背景材料，还有立法、行政和司法机构制定的规范性文件、司法判例、独立规制机构或委员会的调查报告等，这些都为本研究的立论提供了佐证材料。

历史研究法：通过历史研究的方法，对英国传媒规制中的公共利益的演变过程进行探究，可以深化对这一问题的认识。

案例分析法：作为典型的判例法国家，英国在传媒问题上的司法判例构成了重要的法律渊源，为研究规范意义上的公共利益问题提供了依据。大量的案例分析有助于不断接近公共利益的精神内核。

## 第五节 研究框架

本研究主要由四个部分构成，分别为“绪论”“传媒规制与公共利益概述”“不同时期英国传媒规制中的公共利益”“当代英国传媒规制中的公共利益”。

第一部分是“绪论”。内容主要包括研究背景、研究意义、文献综述、研究思路与方法、研究框架、创新与不足。

第二部分是“传媒规制与公共利益概述”。从厘清两组概念的内涵和外延入手，探究传媒规制、公共利益的一般意义，通过对有关公共利益的主要理论的阐释分析，找到界定本研究所关注的“传媒规制中的公共利益”的方法。

第三部分是“不同时期英国传媒规制中的公共利益”。从 1476 年英国境内出现的第一家印刷所、1484 年英国针对印刷业的第一份规范性文件（诏令）开始梳理英国传媒规制的历史，探讨公共利益是何时及怎样进入传媒规制领域的，将传媒规制中的公共利益放置在历史脉络中去观察它的发展变化。在此基础上，反思学者提出的针对不同传媒形态“分而治之”的具有历史偶然性的论断。

第四部分是“当代英国传媒规制中的公共利益”。鉴于公共利益是传媒规制的依据和目标所在，先从整体上分析英国传媒规制中公共利益的存在形式，然后再从结构（规制主体、规制手段、规制机制）和内容（新闻、广告、淫秽色情内容）两个角度，分别呈现英国传媒规制中公共利益的具体表现。最后重新审视围绕传媒规制中公共利益的争论，并分析驱动传媒规制中的公共利益变化的因素，包括以新闻自由的名义进行的抗争、市场因素的干预等，还有这些变化带来的影响（妥协的结果），再去寻找这些变化背后更深层的因素，大致包括思想、政治、经济、文化、技术、利益集团等。

## 第六节　创新与不足

英国是“自由主义新闻理论的故乡”。英国传媒业成为“世界传媒业的标杆”，其所获得的声誉和影响力是以独具特色的传媒规制为保障的。进一步说，公共利益对英国传媒、传媒规制的塑造、发展和演变都产生了巨大的影响。本研究回溯了英国传媒规制中的公共利益问题的起源，对公共利益在不同体制下的传媒规制中的表现，以及在今天的传媒规制中所呈现的形态、功能及意义进行了全面的阐述。这既是当今汉语世界的研究中所缺乏的，也是当今英语世界的研究中不多见的。同时，本研究对进入网络时代之后英国如何延续基于公共利益的监管政策进行了探讨，相比于同类研究也显得更前沿、深入。

区别于以往的大多数研究，本研究建立在这样一种认识论的基础上，即不同时期的社会矛盾、社会制度影响了传媒规制的主要任务和特征，而公共利益作为贯穿传媒规制的合法性、正当性依据，将自身体现在传媒规制的目标及不同形式的具体规制实践中。在大众传播初现的15 世纪，英国社会正处于封建专制时期，传媒规制主要是为专制主义服务，为国王的利益服务；经过 17、18 世纪的演变，到 19 世纪英国社会进入议会至上的法治、宪政时期，传媒规制也进入以保护新闻自由、公共利益为价值目标的新阶段。由此，本研究试图揭示和描述在以上两种不同的社会制度、传媒规制体系之下公共利益的具体情形，进而发现它在传媒变革乃至整个社会变迁过程中所发挥的作用。

由于本研究的出发点是“传媒规制”，理论上本研究应该覆盖所有相关的政策法规文本，这也正是本研究的价值和独创性所在。横向来看，相关的政策法规文本包括法院的司法判例、议会的立法文件，还有政府发布的白皮书、议会的讨论记录、受委托的专业委员会报告；纵向来看，上至 1484 年理查三世颁布的鼓励外国人在英国经营印刷业的第一道诏令，下至《2012 年莱文森调查报告》，不一而足。下面罗列的政策法规文本，只是一个简要的呈现：

首先是司法判例和立法文件，包括《1538 年公告》（*Proclamation of 1538*）、《1586 年星法院法令》（*Star Chamber Decree 1586*）、1606 年“文字诽谤案”（Case de Libellis Famosis 1606）、《1792 年福克斯诽谤法》（*Fox's Libel Act 1792*）、《1815 年印花税法》（*Stamp Act 1815*）、《1843 年坎贝尔勋爵诽谤法》（*Lord Campbell's Libel Act 1843*）、《1996 年广播法》（*Broadcasting Act 1996*）、1999 年“雷诺兹诉《泰晤士报》案” （Reynolds v. Times Newspapers Ltd. 1999）、《2002 年企业法》（*Enterprise Act 2002*）、《2003 年通信法》（*Communications Act 2003*）、

《2013年诽谤法》(*Defamation Act 2013*) 等。

其次是专业委员会报告，包括《1923年赛克斯委员会报告》(*Sykes Committee Report 1923*)、《1926年克劳福德委员会报告》(*Crawford Committee Report 1926*)、《1935年塞尔斯顿委员会报告》(*Selsdon Committee Report 1935*)、《1936年厄尔斯沃特委员会报告》(*Ullswater Committee Report 1936*)、《1945年汉基委员会报告》(*Hankey Committee Report 1945*)、《1951年贝弗里奇委员会报告》(*Beveridge Committee Report 1951*)、《1962年皮尔金顿委员会报告》(*Pilkington Committee Report 1962*)、《1977年安南委员会报告》(*Annan Committee Report 1977*)、《1982年亨特委员会报告》(*Hunt Committee Report 1982*)、《1986年皮考克委员会报告》(*Peacock Committee Report 1986*)、《1990年考尔卡特委员会报告》(*Calcutt Committee Report 1990*)、《1999年戴维斯委员会报告》(*Davies Committee Report 1999*)、《2002年通信法草案联合委员会报告》(*Joint Committee on Draft Communications Bill Report 2002*)、《2012年莱文森调查报告》(*Leveson Inquiry Report 2012*) 等。

除此之外，还有《传播的新未来》(*A New Future for Communications*) 等政府发布的白皮书、各类皇家特许状 (Royal Charter)，以及独立报业标准组织 (Independent Press Standards Organisation, IPSO)、独立报业监管组织 (The Independent Monitor for the Press CIC, Impress)、通信办公室 (Office of Communications, Ofcom)、广告标准局 (Advertising Standards Authority, ASA)、互联网观察基金会 (Internet Watch Foundation, IWF) 等独立规制机构每年发布的报告和它们所受理的与媒体有关的投诉，作为本研究的参考依据，这里不再一一列举。

必须承认的是，由于个人的眼界不够开阔，学识、精力和时间也有限，本研究不可避免地存在一些局限和不足：第一，在研究方法上，受限于文献资料本身，对发展变化的传媒规制实践缺少更多直观的、总体的认识和把握；第二，在研究内容上，对“传媒规制”“公共利益”等基本概念的梳理不够精准、到位，对“传媒规制”的历史阶段划分有些粗糙，历史阶段划分依据（标志性事件）可能经不起进一步推敲，所选择的一些史料的代表性和说服力不够，所描述的“公共利益”与规制机构、规制形式和规制机制之间的关系有些牵强；第三，在文字表达上，对“传媒规制”与“公共利益”这一对互为表里的概念的运用有时会发生偏差，没有时刻注意将研究的侧重点放在“公共利益”而不是“传媒规制”本身上；第四，在理论梳理上，受限于个人的学术功底，尽管分别罗列了功利主义、公共理性、公共选择等方面的线索，却未能对这些线索做更有效的整合，从而未能更充分地揭示“公共利益”在其中的理论定位。以上总结的四个方面的局限和不足使本研究所取得的成果与最初预期的目标之间存在一定的差距。

# 第二章　传媒规制与公共利益概述

## 第一节　对“传媒规制”的界定

在中文语境中，“传媒”一般被视作“传播媒体”的简称，常常与“媒体”或“媒介”混用[1]，指的是用以传播各种信息的载体，即信息传播过程中从传播者到接受者之间携带和传递信息的一切形式的物质工具。当然，传媒的含义还可以进一步扩充，它不但可以指各种传播载体、工具，也可以指与各种传播工具相对应的传播机构，如印刷品领域的书籍、杂志、报纸，作为对应机构的出版社、杂志社、报社，以及电子产品领域的电影、电视节目、广播节目，作为对应机构的影视公司、电视台、广播电台。传媒除了关乎信息载体、传播机构外，还包括其他要素，比如“特定的传播目的、需要或运用”“远距离公开传播的技术”“为生产和分配提供技能和框架的社会组织形式”“为‘公共利益’而存在的统治组织形式”[2]。这样就把传媒所涉及的目的、技术、生产形式、管理形式都纳入了其中。进入网络时代之后，具备传媒属性的门户网站、聚合网站和其他社交应用等同样属于传媒。当然，在特定语境

---

[1] “媒体”和“媒介”这两个词也经常被混用，比如对“Media Convergence”的翻译，相比于台湾学界将其译为“数位汇流”，大陆学界有时将其译为“媒体融合”，有时又将其译为“媒介融合”。这种混用侧面反映出认知层次、程度上的差异。2014 年 8 月 18 日，习近平总书记在中央全面深化改革领导小组第四次会议上的讲话中提出“推动传统媒体和新兴媒体融合发展”后，“媒介融合”的提法逐渐被“媒体融合”取代。

[2] 麦奎尔．麦奎尔大众传播理论：第五版［M］．崔保国，李琨，译．北京：清华大学出版社，2010：19.

中，传媒专指大众传播媒体或新闻媒体，但在大多数情况下，传媒指的是用于任何目的、传播任何信息的传播工具或传播机构。

在英文语境中，“传媒”的对应词是“Media”。“Media”是“Medium”的复数形式，后者主要是指一种居于中间的介质。根据《牛津英语词典》，“Media”的意义要简单明确得多，它专门指“大众传播的主要手段，如报纸、广播、电视，以及20世纪后期的因特网”[1]。需要注意的是，不论是作为单数形式的“Medium”，还是作为复数形式的“Media”，它们的含义在相当长的时间内更多的是和“大众传播”(Mass Communication) 联系在一起，与“传播”的其他形态，包括组织传播、群体传播、人际传播等有着重要的区别，而这些区别主要就在于大众传播以专业化的传播机构为传播主体，以一对多的传播方式向不确定的传播对象传播内容。然而，随着技术的进步，尤其是在移动互联网条件下，涌现了一大批新应用、新平台。它们所具有的社交属性、媒体属性足以使它们自身进入传媒的范畴。这样一来，它们所赖以建立的、包括人际传播在内的新的传播形态就为“Media”注入了新的内涵。

所谓“规制”(Regulation)，有时被译作“监管”，指的是关于一系列规则和趋势的复杂系统的处理过程。从词源上看，作为名词的“Regulation”，最初是指“进行规范的行为”“转化为秩序的状态”，后来又多了一层含义——“管理规则”(Rule of Management)，相对于“管制”更侧重规则性。不妨借鉴菲利普·塞尔兹尼克（Philip Selznick）的定义：规制即“公共机关对社区认为有价值的活动所行使的持续而集中的控制”[2]。李杉关于规制理论的分析框架（图 2-1）也值得参考，她将规制分为规制主体、规制方式和规制效果三个层次，其中规制主体包括“私人的政府规制”和“公共的政府规制”；规制方式

[1] Oxford English Dictionary：https：//www.oed.com/search/dictionary/? scope = Entries&q = media.

[2] 转引自费恩塔克．规制中的公共利益［M］．戴昕，译．北京：中国人民大学出版社，2014：7.

包括“直接规制”和“间接规制”；规制效果包括“激励性规制”和“消极性规制”。笔者以为，作为一种过程性的活动，规制涉及规制主体、规制客体、规制方式、规制原则、规制目标、规制结果等不同方面，而将这些构成要素制度化、恒定化的产物就是规制体系。在不同的社会领域，规制的具体含义略有区别。比如，对于政府来说，“规制”意味着由熟悉某一领域的专家起草的、旨在强化一种制定法（基本立法）的行政法规；而在商业领域，产业的自我规制通过自我规制组织和贸易协会来实现，它们允许产业自行设定并执行规则，从而能够较少地受到来自政府的影响。

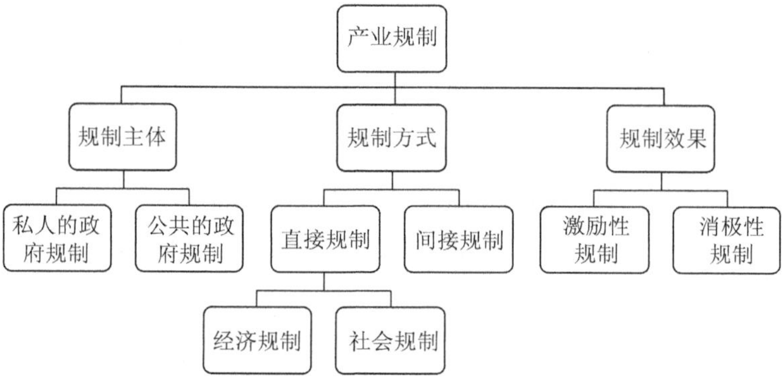


**图 2-1　规制理论的分析框架**[1]

正如前文所描述的，尽管在社会、政治、经济等不同领域，规制的含义略有区别，但还是存在着一些彼此相通、互相交叉的规制形式，比如法律限制、合同义务、社会规制、共同规制、第三方规制、许可认证、申请授权或市场规制等。大多数情况下，规制行为以政府为规制主体，但是在传统自由主义者看来，不论是政府主导、政府委托，还是政府授权进行的规制，本质上都是一种政府对私人市场的干预行为，尤其是在经济增长、技术进步、主导意识形态变化的情形下，政府往往自觉地制定和执行政策，干预私人经济主体的行为，以促成那些在市场上无

[1] 李杉．中国传媒产业规制及其演进研究［M］．北京：中国传媒大学出版社，2017：20.

法自发产生的结果，从而实现其预定的目标。这些目标主要包括纠正市场失灵（涉及低效率、公共产品、外部性等问题）、满足集体需求（公共利益是其核心）、影响内生偏好（下文提到的“偏好塑造”型规制就出于这类目标）、约束专业机构（由于规制涉及的专业知识门槛较高，因此难以判断是否进行了合适的规制，此类规制往往基于一些抽象原则）、防止不同集团之间互相争夺利益（为重新分配自身财富而伪装成规制政策，或者“俘虏”“绑架”规制机构）等。

以规制结果为依据，可以将规制分为三种类型：规定（执行）或禁止某一行为（“命令和控制”型规制）、调整激励措施（“激励”型规制）和改变偏好（“偏好塑造”型规制）。比如下文将要重点讨论的英国早期针对商业性广播电视机构实施的一系列规制措施促使其更多地以公共利益为自身价值目标和指导原则，这就使它脱离了纯粹以营利为目的的市场导向，正是一种典型的“偏好塑造”型规制。

以上对“传媒”和“规制”分别做了界定，而在作为偏正结构词组的“传媒规制”中，“传媒”是修饰语，对中心语“规制”的范围做了限定——“传媒规制”的约束对象集中在传媒领域，所要研究的中心问题不是“政策”“法律”，而是“规制”（从比较宽泛的意义上说，作为名词，“传媒规制”是传媒政策、传媒法律和其他干预手段的总和；作为动词，“传媒规制”即运用传媒政策、传媒法律和其他干预手段对传媒领域的问题进行干预的过程，下文将做讨论）。在此不妨给“传媒规制”下一个简单的定义，即作为名词，传媒规制是为了实现纠正市场失灵、满足集体需求、影响内生偏好、约束专业机构、防止不同集团之间互相争夺利益等目标，由政府或专业机构、第三方在某一价值原则的指导下，针对作为经济主体的大众传播的载体、机构、手段、工具或渠道，为对传媒领域的某种行为做出规定（执行或禁止）、进行激励或塑造特定行为偏好而采取的一系列政策、法规和其他形式的干预手段的总称；作为动词，传媒规制是运用以上干预手段的行为。

以上还提到了许多相关概念，包括传媒政策（Media Policy）、传媒法（Media Law）、传播法（Communication Law）、大众传播法（Mass Communication Law）、新闻法（Press Law）等。它们与传媒规制既有区别又有联系，而本研究倾向于将传媒规制近似地理解为“传媒政策”加“传媒法”，再加上其他形式的干预手段[1]，包括财政或市场因素、从业人员的专业实践及对传媒应当履行公共责任的信仰等。一方面，传媒政策一般被认为是一种“公共政策”：主流观点认为，公共政策的制定是一种相对技术性的过程，公共政策的变迁是为应对技术发展等挑战而调整当前的政策——制定、实施和调整传媒政策，就是通过一个特定的机制，针对传媒领域出现的问题和不断变化的发展条件，以一种符合公共利益需要的方式做出公正的解决和调整的过程；个别观点将传媒政策视为“一种深度的政治现象”，认为它旨在推进特定的传媒结构，而压制作为替代方案的结构。[2] 另一方面，以上但凡被称为“法”的，无论是叫作“传媒法”还是叫作“传播法”，它们都不是采取单一的法律文件的形式，而是表现为许多法律规范的综合体系（法律群），涉及本国法的几乎所有门类，包括宪法、民法、刑法、行政法、经济法等各种法律部门，而从法的渊源上看，习惯法、判例法在英美法系国家有着重要地位。[3]

这里值得一提的是，英国政府决定对传媒进行规制，尤其是英国政府对广播这一当时的新传媒形态进行规制，建立公共广播规制体系的大致经过（鉴于英国对报业主要实行行业自律的规制方式，其针对广播电视的规制更具特色）。以今天的眼光来看，诸如“频谱资源具有稀缺性”“广播具有巨大潜力”这样技术层面的、充满现实意味的考虑（不是像

---

[1] 采用这种加法式的界定，主要是参考了夏倩芳在《公共利益与广播电视规制——以美国和英国为例》中对规制理论的梳理。她指出，美国的规制理论将“政府规制看作只是政策制定的一个特定类型”，“与国家运用政策进行宏观调控既有联系又有区别”，而“欧洲国家倾向于将规制理解成立法、管理和社会控制的全部”。本书涉及的英国的规制接近后一种解释，即立法、管理和社会控制的全部，因而采用这样一种界定。

[2] FREEDMAN D. The politics of media policy [M]. Cambridge: Polity, 2008.

[3] 魏永征. 新闻传播法教程 [M]. 5版. 北京：中国人民大学出版社，2016：3.

报业为反对规制而扛起“新闻自由”的大旗一样，基于任何抽象的理由或“唱高调”的说法）最终成为将广播纳入公共规制体系之中的正当性、合法性依据，其实更多的是一种历史选择的结果，而这也就是本研究从英国传媒规制的历史讲起的原因。

## 第二节　对“公共利益”的界定

“公共利益”在英语中的对应表达是“public interest”，为了理解它的丰富内涵，不妨先从词源上分别考察“public”和“interest”的历史演变。

首先是“public”的词源意义。一方面，作为形容词的“public”在 14 世纪晚期意为“接受普遍观察的”，来自古法语“public”，并且直接来源于拉丁语“publicus”，其含义是“人民的，国家的，为国家而做的”，也有“共同的，普遍的，公共的；普通的，通俗的”等含义；另一方面，作为名词的“public”意为“共同福利；公共财产”，由拉丁语“poplicus”（“与人民有关”）和“populus”（“人民”）变化而来。在 15 世纪早期，“public”意为“与人民有关”。自 15 世纪晚期以来，“public”意为“与公共事务有关”；“向共同体中所有成员开放”的含义则源于 16 世纪 40 年代的英语。1610 年代开始“public”意为“共同体”，17 世纪 60 年代开始“public”意为“普遍大众”。“公共利益”（“public interest”）一词源于 17 世纪 70 年代。[1]

其次是“interest”的词源意义。在拉丁语动词中，“interesse”的字面意思是“在两者之间”，它是“inter”和“esse”的组合。该词被隐喻性地用来指代“重要的”，并且被借用到盎格鲁-诺曼语中作为一个名词，意思是“某人对此有合法权益或责任的事物”。在 14 世纪，英语中的“interesse”继承了这一含义，但是它在接下来一百年左右的时间

[1] 引自 Etymonline 对“public”词条的解释。

里逐渐演变成了“interest”，主要是受到古法语“interest”（“破坏”）的影响，后者来自拉丁语“interesse”（“它具有重要性”）的第三人称单数形式。14世纪晚期的“interesse”有多个来源，包括盎格鲁-弗里西语中的“interesse”，即“某人对此有合法权益的事物”；中世纪拉丁语中的“interesse”，即“对损失的补偿”；等等。“interest”在15世纪中期意为“合法要求或权利；关心；益处，有利因素”。“interest”在金钱方面的意义“支付借贷费用”（16世纪20年代）在早些时候是通过指向“来自一个违约的债务人的补偿”的意义而与“usury”（“高利贷”，在教会法中被视为非法）区别开来的。“interest”在现代主要的含义“好奇心”从1771年发展而来。“利益团体”（“interest group”）一词源于1907年。[1]

根据以上梳理，作为形容词，“public”意为“成熟的”，“人民的”“国家的”“为国家而做的”，“接受普遍观察的”，“共同的”“普遍的”“公共的”，“普通的”“通俗的”；作为名词，“public”意为“共同福利”“公共财产”，“人民”，“与人民有关”“与公共事务有关”“向共同体中所有成员开放”。作为名词，“interest”意为“某人对此有合法权益或责任的事物”，“好奇心”，“合法要求或权利”，“关心”，“重要”“有重要性”，“益处”“有利因素”，“利息”，等等；作为动词，“interest”意为“在两者之间”。当我们把“public”与“interest”组合在一起时，就可以得到“public interest”的丰富内涵，即关乎国家和人民的、关乎公共事务的重要的、普遍的和共同的福利、合法要求或权利。在这里，笔者暂时以一种罗列的方式对公共利益做出界定。

如果参考《韦氏词典》的解释，“公共利益”有两层含义：第一，必须被认可、保护和推进的公众的普遍福利和权利；在某件事情上的一种特别的公众利益或利害关系。第二，公众关心或注意的事物。这种解释有许多地方值得注意：首先是对公共利益做了肯定性的价值判断，即

[1] 引自Etymonline对“interest”词条的解释。

“必须被认可、保护和推进”，同时将公共利益视作一种“权利”，也就是要使它以法律的形式确定下来；其次是通过“特别的公众利益或利害关系”突显了公共利益在适用范围上的相对性，将公共利益区分为一般意义上的公共利益和专门意义上的公共利益；最后是引用“interest”在“好奇心”“感兴趣”这一层次上的意义，指出“公众关心或注意的”就是公共利益，进一步拓展了公共利益的外延。

如果从偏正结构来看，在“公共利益”一词中，“公共”是用来修饰“利益”的限定词，但反过来看，“公共”也可以是利益的“受益对象”，而“利益”才是真正的内容。[1] 首先，所谓“公共”，即“公众共同”，它直接指向了怎样确定公众的问题，这一问题可以参考地域标准（某个地区内大多数人）和人数标准（不确定的大多数人），更有通过界定什么是“非公共”（包括特定团体、小圈子）来反推“公共”范围的界定方法。然而，不管怎么说，“公共”始终是一个相对的、变动中的概念。其次，“利益”表现为某个特定的（精神或物质的）客体对主体具有意义，并且主体自己或其他评价者直接认为、合理地假定或承认对有关主体的存在有价值（有用、必要、值得追求）[2]，有学者更是从中抽离出“客观性”“主体性”“社会性”三大特性。鉴于本书即将进行的是一个史论结合的分析，这里可以先给“公共利益”做一个能够兼顾整个历史上的概念流变的、开放式的界定，即在一定范围内，对于大多数人而不是特定团体或少数人都有意义的范畴。至于这里的“一定范围”到底有多大，多少人才构成“大多数人”，“意义”到底是指什么，则可以根据实际情况给出多种解释。

## 第三节　“公共利益”的思想源流

不同专业背景的研究者从各自的角度出发，赋予“公共利益”特定

[1] 胡锦光，王锴．论公共利益概念的界定［J］．法学论坛，2005，20（1）：10.
[2] 胡锦光，王锴．论公共利益概念的界定［J］．法学论坛，2005，20（1）：11.

的内涵——法学学者谈论它时，突出其宪政意义上保护公民以抵抗公权力的不法侵害的意义；经济学学者谈论它时，突出其限制私人财产权利的合理性和必要性的意义；政治学学者谈论它时，往往会提及其与“共同利益”（common good）概念相互纠缠，突出其中蕴含的“共同体”（community）因素在整合、维系社会方面的意义。尽管关于“公共利益”的内容尚且没有达成一致的结论，但这完全不妨碍它成为一切政府行为的出发点，完全不妨碍它为一切政策披上合法性、正当性的外衣。由于本书对“公共利益”的探讨主要是在传媒规制的语境中进行的，因此研究重点一是讨论怎样运用“公共利益”的概念为限制私权力的种种干预和限制行为提供合法性、正当性的依据，二是讨论怎样运用“公共利益”的概念来采取对应的规制性干预措施。本节为了方便展开讨论，将从古代、近代和当代三个时间段去探寻“公共利益”的思想源流，从而明确传媒规制受到哪些方面的“公共利益”思想的影响。

### 一、古代“公共利益”思想

在古希腊罗马时期，“公共利益”思想蕴含在共和主义的国家观念之中，它并不是指共同体的成员所享有的“福利”或“政治权利”，而是指作为共同体的成员、参与共同体的公共生活、维系共同体本身。比如，亚里士多德指出：“我们见到每一个城邦（城市）各是某一种类的社会团体，一切社会团体的建立，其目的总是为了完成某些善业……既然一切社会团体都以善业为目的，那么我们也可说社会团体中最高而包含最广的一种，它所求的善业也一定是最高而最广的。”[1]这里所说的“善业”即“公共利益”，它是城邦这一共同体成立的终极目标。对于古希腊罗马的城邦公民来说，其生命的目的、意义不在于“物质欲望的满足”[2]，而在于“成为城邦公共生活的一员”[3]。

---

[1] 亚里士多德．政治学［M］．吴寿彭，译．北京：商务印书馆，1981：3.
[2] 唐士其．西方政治思想史［M］．北京：北京大学出版社，2002：44.
[3] 唐士其．西方政治思想史［M］．北京：北京大学出版社，2002：44.

到了中世纪，基督教思想为“公共利益”注入了新的内容：代表、主张和维护“公共利益”的主体变成了封建君主和封建政府；“公共利益”的内涵包括和平、正义、社会秩序、社会发展等，甚至和近现代意义上的“有限政府”联系起来。根据国内学者的研究，“奥古斯丁-阿奎那主义秩序概念仅仅具有维护政府和平、最弱意义上的正义以及实现防卫的功能，并且同时把个人救赎提高到一个虽然没有受到有组织地公共关注——这里的‘公共的’的意义是指‘政府的’——但却可以公共认同的层次。……在基督教秩序中，公共利益不仅表现为限制政府这样的特性，而且也同这个有限政府一同分享超验根源和人类生活的目的。”[1]

## 二、近代“公共利益”思想

### （一）社会契约论关于“公共利益”的见解

近代以来，古典自由主义的两大组成部分——社会契约论和功利主义分别对“公共利益”思想产生了深远的影响。托马斯·霍布斯(Thomas Hobbes)、约翰·洛克（John Locke）和让-雅克·卢梭(Jean-Jacques Rousseau) 三位思想家提出了各自的社会契约论，并且论证了什么是“公共利益”、如何实现“公共利益”等问题。归根到底，这些问题都是如何认识国家与个人的关系的问题。霍布斯从人的自然本性（如掌控他人的权力欲望、比他人智力卓越的虚荣心）出发，认为“只要每个人还是从个人利益出发去审视公共利益，那么他们就很难对何为公共利益达成一致”[2]，因此必须借助于某种“共同权力，震慑他们，指挥他们的行动朝向一个共同的利益”[3]。这种震慑性的、指挥行动的主体就是具有单一意志的国家。对于国家而言，暴力只是它实现“公共利益”的手段，它更要求人们承认国家意志包含或代表了他们自

[1] 房德玖．公共利益问题探究：从公共理性的视角看［D］．天津：南开大学，2010：33－34.
[2] 陈涛．主权者：从主人到代表者：霍布斯的主权理论的发展［J］．北大法律评论，2013，14(2)：315.
[3] 转引自陈涛．主权者：从主人到代表者：霍布斯的主权理论的发展［J］．北大法律评论，2013，14（2）：316.

己的意志，从而自愿地服从国家意志。这样一来，国家意志也必须是公共性的，必须指向每个人和所有人的共同利益。洛克在写到何为“暴政”时，引用了英王詹姆士一世的演讲内容：“我将永远以公众和整个国家的福利为重来制定好的法律和宪法，而不着目于我的任何特殊的和私人的目的……这就是一个合法的国王和一个暴君的根本不同之点”，“一切既不是暴君又不是背誓者的国王，都将欣然束身于他们的法律的范围以内”[1]，以此论证了一个合法的国王应当以法律限定其权力的范围，以公共利益为成立政府的目的。如果用学界的主流观点来解释，洛克在此所要说明的正是英国自签署《大宪章》以来形成的“王在法下”的传统[2]。卢梭在“普遍意志”（或“公意”）的语境中讨论公共利益，将“普遍意志”视为接近公共利益的重要方式。他假设了某种理想的情形，即由几个人联合起来组成整体，那么他们只有一个与公共利益相关的单一意志，这将使得公共利益清晰可见；然而，当社会纽带松弛、国家衰弱，个人利益显露，公共利益也随之发生变化，甚至“最卑劣的利益厚颜无耻地冠上公共福利的神圣名义”[3]时，这并不意味着“普遍意志”不复存在了。卢梭认为：“每个将自身利益从公共利益中脱离出来的人，都清楚地看到，他无法将自身利益完全地与公共利益相分离……为了自身的利益，他还是与所有其他人一样强烈地想要普遍利益的。甚至，在他为了金钱出卖自己的表决权时，他也没有平息自己身上的普遍意志，他只是回避了它。”[4]

### （二）功利主义关于“公共利益”的见解

当“公共利益”是指“最大多数人的最大幸福”时，很容易为它找到功利主义的思想根源。在传媒规制领域，功利主义被用于理解公共利

---

［1］洛克．政府论：下篇［M］．叶启芳，瞿菊农，译．北京：商务印书馆，1996：122.

［2］这种传统被一些学者称作“辉格史观”。他们质疑法律在当时对国王构成的约束作用被过度拔高了。“辉格史观”正是肇始于詹姆士一世时期。详见孟广林．“王在法下”的浪漫想象：中世纪英国“法治传统”再认识［J］．中国社会科学，2014（4）：182－203，208.

［3］卢梭．社会契约论［M］．黄小彦，译．南京：译林出版社，2014：118.

［4］卢梭．社会契约论［M］．黄小彦，译．南京：译林出版社，2014：118－119.

益的重要性主要体现在三个层面：其一，功利主义本身所突显的结果取向、行为取向很容易为传媒规制活动找到合法性、正当性的依据；其二，功利主义的个人主义基础意味着“公共利益”是个人利益的集合，所以作为传媒规制主体的政府不应以“公共利益”的名义过度限制媒体，因为基于受托人理论，这样会侵害公民个人利益，影响到“公共利益”的最大化实现；其三，功利主义的计算方法为以提高“效率”为目标的传媒规制改革提供了可以参考的依据。

为了论述的方便，这里先从功利主义晚近时期的代表人物——杰里米·边沁（Jeremy Bentham）说起。边沁生活在英国发生工业革命的年代，他通过论证一系列学说和革新方案以适应当时工商业资产阶级自由竞争和自由贸易的需要，而贯穿他的学说和革新方案的一条线索就是功利主义原则。边沁这样概括功利主义原则：“它按照看来势必增大或减小利益有关者之幸福的倾向，亦即促进或妨碍此种幸福的倾向，来赞成或非难任何一项行动。”[1]在此基础上，为了避免因每个人都追求自己的功利最大化而可能导致的极端利己主义，甚至破坏社会整体利益的情形，边沁设计了一套功利的计算方法（尽管实际操作起来并不容易），也就是“根据快乐的程度、远近、真确程度、持续时间、纯粹与否以及影响范围等等来判断某一行为所产生的快乐的大小，然后按照两利相权取其重、两害相权取其轻的原则来确定行为的准则”[2]。由于边沁认为社会利益是个人利益的总和，因此借助于这套计算方法，最大的个人利益与最大的社会利益可以变得一致，于是功利主义视角下的社会利益就建立在了高度重视个人利益的基础上，主张“最大多数人的最大幸福”。从功利主义视角看传媒规制中的公共利益，就能理解为何在传媒规制改革的过程中，强调社会公平的同时还要高举“经济效益”“效率优先”的旗帜。毕竟，如果不去满足个体消费者的需求以在总体上扩大传媒自身的商业规模、影响力，那么传媒履行其社会责任，追求社会公平、公

[1] 边沁．道德与立法原理导论［M］．时殷弘，译．北京：商务印书馆，2000：58.
[2] 顾肃．自由主义基本理念［M］．修订本．南京：译林出版社，2013：331.

正的规范性目标也就无从谈起了。

从功利主义视角去界定公共利益的概念得到了一些学者的认可和继承。在传媒法所涉及的重要法律部门——宪法领域，张千帆曾经非常明确地论证道："既然公共利益是具体法治的追求目标，法律就是要实现个人利益之和的最大化。"[1]尽管这种路径之下的定义过于简单化，但是张千帆认为，相对于幻影一般的"公共"，建立在"个人"基础之上的"公共利益"在理论上更有意义，在实际中更具可操作性，因为功利主义式的公共利益界定从一开始就规避了回答"什么是公共利益"的问题，其自身不承载任何形式的价值原则、目标，而是将重心转移到"如何计算公共利益"的问题上。张千帆认为，以选举为特征的代议制民主制度"所采取的多数主义规则和公共利益的功利主义定义有着显著的相似性"[2]，故而有充分的理由相信，当这些获得最多选票的候选人聚集到议会中时，他们会在选举压力之下自觉地代表最大多数选民的利益，去争取其利益的最大化实现，而在此过程中，一旦出现侵犯少数人的权利，甚至出现"多数人的暴政"的情形，则交给宪政来处理。按照这样的一种思路，英国当代的传媒规制就是要通过"授权法""管理法"[3]的形式来保障传播活动所牵涉的个人利益、社会公共利益，由宪法性总纲性法律或法案授权传播单位、传播者在一定领域、以一定形式传播信息的自由，或者在宪法性总纲性法律或法案的规定下进一步制定具体的法律法规，协调与管理传播活动所涉及的各种社会关系，在保障传播的自由的同时又强调传播的责任。初步看来，这已经是一套非常完善的公共利益解决方案了。但是，功利主义视角下的公共利益理论的不足还是

[1] 张千帆．"公共利益"是什么?：社会功利主义的定义及其宪法上的局限性 [J]．法学论坛，2005，20 (1)：29.

[2] 张千帆．"公共利益"是什么?：社会功利主义的定义及其宪法上的局限性 [J]．法学论坛，2005，20 (1)：30.

[3] 世界范围内传播立法的历史分为三个阶段，即"控制法阶段""授权法阶段""管理法阶段"。西方国家完整经历了这三个阶段，其传播事业的繁荣、信息市场的成熟出现在授权法阶段。详见龙小农．中西方传播立法控制模式简析：一个历史文化比较的视角 [J]．新闻记者，2009 (1)：57-59.

比较明显的，因为它无法从根本上回答公共利益是什么、应该包含哪些价值的问题，而是更多地表现为一套计算并确定公共利益的程序、方法。尽管借此可以比较方便地解决“由谁来主张公共利益”“如何确定公共利益”的问题，但据此产生的结果很容易被批评为“占优论”“多数决定论”，其复杂、精确的计算方法更是被直接贬损为简单的“数人头”。更有人举了极端的例子：假设纳粹政府认为对犹太人进行种族屠杀有助于社会整体功利的最大化实现，那么他们就有理由这么做。这显然违背了“公共利益”，又回到了“什么是公共利益”“公共利益应该具有什么样的价值内涵”的问题上，而它们恰恰是这一功利主义的定义所不能解决的。

**（三）公共理性关于“公共利益”的见解**

公共理性也是理解公共利益的重要路径之一。为了便于展开讨论，不妨从经验的角度先将“理性”概念中一切不可验证的非工具性理性的内容（包括价值理性、理论理性、实质理性等）排除出去，而把它理解为“解释个人有目的的行动与其所可能达到的结果之间的联系的工具性理性”[1]，而所谓“公共理性”就是对这种理性的公开运用，其目标就是实现所谓“公共的善”。通过比较伊曼努尔·康德（Immanuel Kant）、约翰·罗尔斯（John Rawls）和尤尔根·哈贝马斯（Jürgen Habermas）的公共理性观，楼利明将“公共理性”引入对“公共利益”的界定之中，认为“公共利益的实质是公共理性与利益多样化对抗后的一种平衡”[2]，作为判断“公共利益”的主体的法庭应当“把全面维护公共理性作为伸张正义、维护社会公平、确保公共利益最大化实现的根本保证”[3]。在技术层面，法庭判断和把握“公共利益”则可以通过以下五个基本原则进行：“必要原则、开放原则、机会均等原则、公共服

[1] 李培林．理性选择理论面临的挑战及其出路［J］．社会学研究，2001（6）：43.
[2] 楼利明．论公共利益：一种哲学式的诠释［J］．浙江学刊，2007（4）：140.
[3] 楼利明．论公共利益：一种哲学式的诠释［J］．浙江学刊，2007（4）：143.

务原则、分担损失原则”[1]，这样或可最大限度地确保“公共理性”和“公共利益”的实现。按照楼利明的观点，“公共利益的最大化实现”与“社会公平、正义”“公共理性”并列，“公共利益”是法庭借由工具性的“公共理性”加以实现的目标[2]。“公共理性”又具体地表现为包括必要原则在内的一系列协调、权衡“公共理性”与“利益多样化”之间矛盾的技术性判断原则。很自然地，当这些技术性判断原则延伸到、被应用于传媒规制领域时，作为“公共利益”判断主体的、具有“准立法资格”的独立规制机构就会向传媒提出诸如“机会均等原则”“公共服务原则”[3]等符合“公共理性”的要求。笔者以为，这样一种定义有它的合理、可取之处，一方面因为“公共理性”为“公共利益”提供了相对明确的价值指引，另一方面也因为“公共理性”所提出的五个基本原则为把握和判断“公共利益”提供了实践上的依据。但是，问题在于，为了界定一个本身就模糊的“公共利益”概念而引入一个更加模糊的“公共理性”概念，很可能陷入一种循环论证的陷阱中，更何况后者自身和“公共利益”一样也在不断地发展变化，因此，由“公共理性”具象出的五个基本原则必然也不会是一成不变的。

回溯历史，“公共理性”中的“理性”概念与“公共利益”概念的纠缠源于启蒙运动时期。比如，激进主义思想家托马斯·潘恩(Thomas Paine) 认为，“共同利益”处于和“理性”同等重要的位置，它们共同构成了推动政治革命和维持政权合法性的重要力量：“在短短几年时间里，我们已经看到了两次革命，即美国革命和法国革命。……从这两个事例中，可以明显地看到，能够注入革命领域的最大力量就是理性和共同利益。凡是这两者能有活动机会的地方，反对势力就在恐惧

[1] 楼利明. 论公共利益：一种哲学式的诠释 [J]. 浙江学刊，2007 (4)：143.

[2] 笔者从该界定中发现，公共理性本身既是“目标”，又是借以实现自身的“手段”。

[3] 传媒规制领域的“机会均等原则”表现为在两党制的政体中，某一特定的政治候选人与其竞争对手在广播电视节目中出现的时长必须是均等的，以保证双方在原则上享有同样的表达自己观点的机会；“公共服务原则”表现为广播电视机构在所有制上实行公共体制及为社会公众提供普遍的服务（公共品）。笔者注。

中死去，或因定罪而灭亡。它们现在已普遍获得主要的地位；我们今后有希望看到一些革命或政府的更迭以同样安详的方式产生，任何可由理性和协商决定的措施都赖以贯彻。”[1]与之相对的是，在英国著名保守主义思想家埃德蒙·柏克（Edmund Burke）看来，“理性”绝非一剂万能良药：理性知识是人类天性中的一部分，而且绝非最重要的一部分。统治当然是一项理性活动，政治思想必定取决于一些普遍原则，但是认为可以从抽象前提而非实际经验中得出行之有效的原则，这是不对的。相对于抽象的、不可以被信任的“公共理性”，柏克更倾向于从历史的“实际经验”中寻找答案：在所有旨在改革的努力中，他首先彻底不相信自己的能力，完全放弃自己的所有推断，对前人的智慧心怀深深的敬畏。他在这里所说的“智慧”就是英国独具特色的“判例法”。延伸到法律与“公共利益”的问题上，柏克的观点是：“法律所尊重的东西，在我看来就是神圣的。如果出于权宜之计的考虑，即使是为了公众的便利，突破了法律的防线，我们将不再有任何确定性的东西。……仅仅是因为处于改革的时代就以其为理由牺牲法律原则是不值得的。个人的生命如过眼烟云，须臾即逝，共同体则永存不变”[2]“他们[3]把一切都委之于那些未经检验的思辨脚下；他们把公众最可贵的利益委诸于那些信口开河的理论——而他们之中没有一个人会决定把自己最微不足道的私人利益交付给这些理论的”[4]。前句表明，相对于“公共利益”，柏克更主张法律原则的优先，主张法律原则与“公共利益”之间的协调，同时也说明了作为个人利益集合的“公共利益”定义存在着忽视时间因素的缺陷；后句进一步明确了柏克眼中“理性”与“公共利益”之间的不可调和性。总之，在有着深厚保守主义传统的英国的具体语境中，无论是从理论角度还是从历史逻辑来看，“公共理性”似乎都很难成为界定

---

[1] 潘恩．潘恩选集［M］．马清槐，等译．北京：商务印书馆，1982：330.

[2] 柏克．自由与传统［M］．蒋庆，王瑞昌，王天成，译．南京：译林出版社，2012：242.

[3] 指当时法国的国民议会。笔者注。

[4] 柏克．法国革命论［M］．何兆武，许振洲，彭刚，译．北京：商务印书馆，1999：215－216.

"公共利益"的有效方式。

## 三、当代"公共利益"思想

### （一）公共选择理论关于"公共利益"的见解

"公共选择理论"（Public Choice Theory）将市场领域基于个人利益最大化的决策过程引入政治决策领域，推导出所谓"公共利益"很可能是"个人利益"的伪装，这也是理解"公共利益"的一条路径。从20世纪80年代撒切尔夫人与鲁伯特·默多克（Rupert Murdoch）在英国国内传媒并购中的"私相授受"中不难发现端倪：一方为了借助于媒体宣传造势，以争取民众的支持；另一方为了突破反垄断法律的限制，以扩大自身的商业版图。双方的目标均是个人利益的最大化，表面上却不约而同地打出了服务"公共利益"的旗号。

从历史上看，发端于20世纪四五十年代的"公共选择理论"是一种介于经济学和政治学之间的交叉理论，从20世纪70年代西方出现滞胀开始被重新关注，之后逐渐被推崇为新自由主义的重要理论资源，代表人物包括詹姆斯·M. 布坎南（James M. Buchanan）等。该理论一方面不否认市场制度存在重要缺陷、国家干预有其必要性，另一方面寻求使国家更好地运用其干预工具的方法，而这一目标主要是通过从微观经济学的视角对政治领域中主体采取行动、进行决策的过程做实证性分析来实现的。

"公共选择理论"与"公共利益"的关系可以从两个方面来理解：一方面，作为"公共选择理论"出发点的"经济人"假设认为，政治家、政府官员就像市场上的企业家追求利润最大化一样，在政治领域追求着自己利益的最大化，包括自身的地位、权力、声望等，而不论这些利益是不是"公共利益"，"尽管他们也可能有促进公共利益的某些愿望，但这种愿望也不过是许多愿望之一罢了，很容易被其它更有诱惑力的愿望所压倒"[1]。这就直接打破了前文所描述的、功利主义视角所理解的经过民主选举而产生的政府能够天然地代表并且实现"公共利益"的美好愿望，因为现实表明组成政府的这些人也有自利的动机，往往以追求"个人利益"而不是"公共利益的最大化实现"为其价值原则，所以政府的行为往往也不是为了"公共利益"，而是更多地追求官僚集团的利益，或者由此而来的被社会利益集团"俘虏"[2]的利益："管制法令的产生，其实不过是利益团体竞逐的结果。尤其在利益集中、成本分散时，法令极易在利益团体的压力下通过"[3]，所以即便是国家名义上需要维护的"公共利益"，本质上仍然是个别团体的特殊利益。在此基础上，"公共选择理论"的推演和实证分析得出了"政府失败"（或译为"政府管制失能"，Government Failure）的结论，认为必须减少国家干预，由市场发挥主导作用，以及通过制度改革，建立约束政府行为的公共选择制度。另一方面，"公共选择理论"的另一个重要特征是方法论上的个人主义。在此理论出现之前，无论是主流的政治学还是经济学，都将集体视作由个体组成的有机体，国家作为超个人的单位而存在，"国家利益""公共利益"由此被视为独立于"个人利益"。与此形成对照的是，"公共选择理论"从个人主义出发去考察集体决策，个人被认为在他们的私人行动和社会行动中都有自己独立的目标，公共选择是个人选择通过一定规则的集结[4]，总体福利可以通过个人选择的行使实现最大化，所以传统政治学所指认的那种独立于个人利益的"公共利益"在"公共选择理论"的基本假设中是不存在的。

"公共选择理论"的重要贡献在于，它以"经济人"范式为制度分

[1] 张健．布坎南与公共选择理论［J］．经济科学，1991（2）：72.

[2] 规制俘虏理论由诺贝尔经济学奖获得者乔治·J．施蒂格勒（George J. Stigler）在1971年发表的《经济管制理论》一文中提出。该理论认为政府规制是为满足产业对规制的需要而产生的，而规制机构最终会被产业控制。

[3] 陈淳文．公民、消费者、国家与市场［M］//许纪霖．公共性与公民观．南京：江苏人民出版社，2006：273.

[4] 阮守武．公共选择理论的方法与研究框架［J］．经济问题探索，2009（11）：2.

析提供了统一的基础，为制度选择提供了统一的标准[1]，作为它的有力佐证和补充的规制俘虏理论更是提供了十分深刻的批判视角。当然，也有部分学者并不认可“公共选择理论”的主张，尤其不认为它能够有助于确定“公共利益”究竟是什么，比如迈克·费恩塔克就非常犀利地指出：“虽然表面上看它可能意味着是基于一般公众的利益或为追求一般公众的利益而作出的选择，但本质上，‘公共选择’理论是对那些强调、拥护、追求与行使私人利益的决策进行分析并试图将其合法化的一种理论进路。”[2]从公共选择的角度来看，一些以“维护公共利益”的名义所进行的传媒规制很有可能就是一些政府部门、传媒机构的决策经过包装后的产物。这是该理论具有批判性的贡献所在。

**（二）现代政府管制理论关于“公共利益”的见解**

在规制语境中讨论“公共利益”问题，还有另一条很重要的经济学路径，即作为现代政府管制理论的一个分支的公共利益理论，它建立在凯恩斯主义的国家干预理论和福利经济学的基础上，认为管制出自政府对公共需要的反应，目的是纠正自然垄断、信息不对称等市场失灵，从而更有效率地配置资源，实现社会福利的最大化。比如，理查德·A.波斯纳（Richard A. Posner）就指出，公共利益理论或明或暗地包含着这样一个假设，即市场是脆弱的，如果放任自流就会趋向不公平和低效率，而政府管制是对社会的公正和效率需求所做出的无代价、有效和仁慈的反应。[3]

由此而来的一个问题是，作为政府在政治、经济和社会领域所采取的一切管制措施的出发点的公共利益，应该采用什么样的方法、标准来检验、衡量它的实现程度？政府管制理论给出的答案是采用维尔弗雷多·帕累托（Vilfredo Pareto）所提出的“帕累托最优”（Pareto

[1] 方福前．“经济人”范式在公共选择理论中的得失［J］．经济学家，2001（1）：90．

[2] 费恩塔克．规制中的公共利益［M］．戴昕，译．北京：中国人民大学出版社，2014：10．

[3] POSNER R A. Theories of economic regulation［J］. The Bell Journal of Economics and Management Science，1974，5（2）：335－358．

Optimality）标准，它有助于解释政府的选择。帕累托在序数效用论的基础上考察集合体效用（社会福利）最大（帕累托最适度）问题，并提出了资源分配的效率问题，即经济资源的有效使用问题。如果我们用帕累托原则来解释政府管制问题，即政府是否提供管制及管制的程度，那么结果是政府的这种制度安排至少没有使任何人的利益受损，同时有一些人在这种制度安排中获益。从理论上看，公共利益理论的观点意味着政府在做任何一种选择时，都要进行理性的计算，以实现公共福利最大化。政府对私人、企业、社会的行为进行管制，目的就是弥补市场失灵、社会自主治理不成熟及个体的有限理性。因此，对于政府来说，公共利益的“旗号”如何摇摆就决定了是否对某一领域进行管制。

尽管现代政府管制理论中的公共利益理论有一套精确、复杂的计算体系，但它不可避免地存在着局限性，最重要的是它无法涵盖本研究所涉及的从英国封建专制时期至今的漫长历史跨度。以上对规制中的公共利益理论的研究表明，经济学路径不能很好地解决相关问题。因此，本书基于文本去研究规制中的“公共利益”的具体内容及其变迁，并适当借鉴前者在理念上所推崇的“效用最大化”的功利主义，以作为分析工具。

**（三）强调“合作”的公共利益**

作为英国传媒规制所提倡的公共利益目标之一的“多元主义”如果走向极端，有可能引起社会解体，从而与其增进交流、推动合作的初衷相违背。所以，从理论上判断和把握“公共利益”问题，既需要明了它的个人主义基础，又需要认识到个体之间的“合作”是极其重要的。先前有许多理论、观点都揭示了“合作”的重要性，比如经典的“博弈论”（Game Theory）就揭示了自由竞争中“合作”对于个体的重要作用，从反面论证了若不进行合作，使个人效用最大化的行动可能给每个人带来最差的结果，导致所谓“囚徒困境”（Prisoner's Dilemma）的产生，从而走向“公共利益的最大化实现”的反面。

比如，埃德加·博登海默（Edgar Bodenheimer）首先从分配个人权利和限定个人权利范围的角度论证了“公共利益”概念的重要性：“每个社会秩序都面临着分配权利、限定权利范围、使一些权利与其他（可能相抵触的）权利相协调的任务。‘共同福利’或‘共同利益’（common good）这一术语是一个不无用处的概念工具，它意味着在分配和行使个人权利时决不可以超越的外部界限，否则全体国民就会蒙受严重损害。……特别在涉及自由、平等和安全时……对上述三个价值的效力范围进行某些限制也是与公共利益相符合的。在这些情形下，正义提出了这样一个要求，即赋予人的自由、平等和安全应当在最大程度上与共同福利相一致。”[1]在此基础上，博登海默指出，“共同福利或公共福利不能被等同于个人欲望和个人要求的总和”[2]，“也不能同意将共同福利视为是政府当局所作的政策决定”[3]，而是应从人与社会的关系层面为“共同利益”的界定加入重视“合作”的要素，将“共同利益”理解为阿尔弗雷德·菲德罗斯（Alfred Verdross）所说的“社会通过个人的合作而生产出来的事物价值的总合”[4]。

又如，哈贝马斯认为，多元社会中的不同利益、价值取向破坏了共识，无助于维护共同体，因此需要通过商议民主的方式进行妥协和利益均衡。放在本研究的语境中看，这也是接近“公共利益”的一种方式。哈贝马斯在一篇论文中比较了“自由主义”和“共和主义”两种民主模式，认为在前者主张的“国家是公共管理机器，社会是私人及其社会劳动按照市场经济规律进行交换的系统”[5]和后者主张的“政治的功能不仅仅在于管理；相反，政治是整个社会化进程的构成因素。政治是一种

[1] 博登海默．法理学：法律哲学与法律方法［M］．邓正来，译．北京：中国政法大学出版社，1999：298－299.

[2] 博登海默．法理学：法律哲学与法律方法［M］．邓正来，译．北京：中国政法大学出版社，1999：299.

[3] 博登海默．法理学：法律哲学与法律方法［M］．邓正来，译．北京：中国政法大学出版社，1999：299.

[4] 博登海默．法理学：法律哲学与法律方法［M］．邓正来，译．北京：中国政法大学出版社，1999：317.

[5] 哈贝马斯．哈贝马斯精粹［M］．曹卫东，选译．南京：南京大学出版社，2004：235.

道德生活关系的反思形式。政治是一种媒介”[1]之外，还有第三种社会一体化的源泉，那就是“团结”——“一种在民主程序下通过商谈理性地产生出来的约束人之行为的规范”[2]。进而，哈贝马斯提出了所谓“话语政治”的概念，用一种“理想的商谈和决策程序”[3]把自由主义和共和主义这两种传统融合了起来。由于在多元文化社会中隐藏着一些利益和价值取向，它们对于共同体的认同没有任何意义，甚至相互冲突，不可能达成共识，因此需要以一种将权利中立化且排除策略性行为的方式进行妥协和利益均衡，这就需要建立一套前提和程序。

根据前文的梳理，无论是“功利主义视角下的公共利益”还是“公共理性视角下的公共利益”，都有一个共同的、强调个人主义的基础。那么，如果更多地强调这里所描述的“合作”的一面，就可以为“公共利益”概念加入一些集体主义的元素，从而使它在整合、延续社会方面发挥更大的作用。正如前文提到的，在英国当前的传媒规制中，“多元主义”“多样化”是重要的公共利益目标之一。按照主流观点，“多元主义”意味着传媒必须满足不同种族、民族、宗教或社会群体的利益，满足他们的需求，代表他们发声，为他们提供足够多选择的空间。且不论这样的“多元主义”是否构成真正的“多元主义”，其割裂社会、破坏共识的倾向是显而易见的，尤其是当“多元主义”原则下形成了一个个相对封闭的、针对特定社群（以种族、民族、宗教、地方为依据划分）而设置的传媒机构、传媒产品时，原本作为“公共论坛”而设置的平台（在英国，这种平台一般是指像 BBC 这样的全国性公共传媒机构）是否还能像过去那样推动不同群体之间的交流、合作？[4]在网络技术条件

[1] 哈贝马斯．哈贝马斯精粹 [M]．曹卫东，选译．南京：南京大学出版社，2004：236.

[2] 转引自楼利明．论公共利益：一种哲学式的诠释 [J]．浙江学刊，2007（4）：142.

[3] 哈贝马斯．哈贝马斯精粹 [M]．曹卫东，选译．南京：南京大学出版社，2004：242.

[4] 比如，美国学者凯斯·桑斯坦（Cass Sunstein）就列举了这样的情况：“事实上，十个非裔美国人最爱收看的节目中，有七个是白人最不喜欢的，网络的情形亦是如此。”同样的情形亦发生在英国。详见桑斯坦．网络共和国 [M]．黄维明，译．上海：上海人民出版社，2003：40.

下，由用户自主选择的对传媒内容的主动“过滤”取代了专业媒体的“把关”，后果必然是用户之间分享的共同意义空间不断缩小，那么不同群体之间的交流、合作是否还有可能？为了解决诸如此类的问题，提倡强调“合作”的“公共利益”概念也许会更有帮助。

**（四）强调“价值负载”的公共利益**

费恩塔克所界定的“公共利益”是一种具有民主价值负载的范畴。关于“公共利益”的这一取向的先行者弗吉尼亚·赫尔德在《公共利益与私人利益》一书中，从界定“公共利益”的诸多理论中概括出三大进路，分别是“占优论”（也称“多数论”，着眼于大多数人的利益）、“共同利益论”（对所有社会成员普遍存在的利益）和“一元论”（也称“共识论”）。相比于前两种进路，费恩塔克更青睐第三种进路，他引用弗兰克·J. 索劳夫（Frank J. Sorauf）的说法：公共利益“往往要么表现为一种伦理性的要求（如自然法），即某种更高标准的理性和‘正确’的政治智慧，要么就是大量选民的共识或目标”[1]，而“‘一元论概念’正是源于一种单一并具有统一性的伦理价值”[2]，所以“一元论概念”下的“公共利益”可能是一种更有用的定义。与此形成对照的是，通过功利计算来确定“公共利益”落脚点的“占优论”和“共同利益论”都是“用实现公共利益的程序来确定公共利益”[3]，不能够明确什么样的价值应该受到保护，有通过表面的“价值中立”来维持现状、强化既有的主导价值和不平等的嫌疑。进一步说，“共同利益论”所描述的那种对所有社会成员普遍存在的利益的情况事实上很少会出现，并不能真正有助于各公共政策选项之间的辩论，而“占优论”的多数主义取向很容易将少数人的利益排除在公共利益的范围之外，从而损害整体和少数人的权利。

---

[1] 转引自费恩塔克．规制中的公共利益［M］．戴昕，译．北京：中国人民大学出版社，2014：13.

[2] 费恩塔克．规制中的公共利益［M］．戴昕，译．北京：中国人民大学出版社，2014：13.

[3] HELD V. The public interest and individual interests［M］. New York：Basic Books，1970：205.

前文多次提到，“公共利益”是进行包括传媒规制在内的各种社会干预的正当性依据。如果能够在“一元论概念”的指导下重新塑造“公共利益”，为它注入某些明确的内容，就可以使它更好地捍卫与促进民主制度。为此，费恩塔克首先考察了“公共利益”与“公民身份”这两个概念之间的联系，认为“公共利益”一方面“反映了公民身份的根本关切和目标”，另一方面有助于“为个体主义的公民身份增加一种集体性要素”，但实际上“公共利益”的“公民身份”考虑（尤其是在传媒规制的语境中）相对于“消费者利益”来说并没有得到同样的重视，作用也被严重削弱了。费恩塔克接着考察了作为法律概念的“公共利益”，指出具有民主性负载价值的“公共利益”概念不但不会对“法律的确定性”构成威胁，反而可以对死板的法律规则构成有益的补充。最后，费恩塔克指出，在一个根本的层面，由于追求社会延续、避免社会解体是首要的“公共利益”，所以“公共利益”需要“与当时的国家理念以及主导的价值和利益进行融合”[1]。同时，“公共利益”又必须体现“对流变的当代价值在某种程度上的抵制”[2]，且必须保证“不允许暂时的强权改变深层的民主基础或社会的‘最小价值结构’”[3]。这正是在终极意义上“公共利益”概念服务民主政治伦理的方式。

作为结论，从费恩塔克所理解的“发达充分的公共利益概念”中可以归纳出三点主张：第一，通过将法律和自由民主政治哲学内在价值之间的联系加以明确化，“公共利益”的概念可以弥合技术性问题和理念性问题之间的某种“截然分野”；第二，“公共利益”的概念适当突出了遭到边缘化的共同体价值，对那种给予个体主义和资本以绝对显著位置的政治趋势进行了节制，并有助于矫正普通法体系将问题个体化的倾向；第三，“公共利益”的概念为社会规制提供了一种逻辑融贯的正当

[1] 费恩塔克．规制中的公共利益［M］．戴昕，译．北京：中国人民大学出版社，2014：70.
[2] 费恩塔克．规制中的公共利益［M］．戴昕，译．北京：中国人民大学出版社，2014：70.
[3] 费恩塔克．规制中的公共利益［M］．戴昕，译．北京：中国人民大学出版社，2014：70.

化理据，独立于那些基于市场经济学为干预行动给出的正当性理据。[1]利用这样一种有着明确价值负载的“公共利益”概念去考察英国的传媒规制，既可以从既有法律文本中发现有关规定的不足，包括《2003年通信法》等文件没有为各项潜在冲突的对“公共利益”的主张（如消费者利益、公民权利）规定一个明确的价值序列，又可以为建立更好的传媒规制体系提供指导，即在传媒规制中更加强调服务“公共利益”的目标，尤其是服务公民身份、民主政治参与的目标。

[1] 费恩塔克．规制中的公共利益［M］．戴昕，译．北京：中国人民大学出版社，2014：79－80.

# 第三章　不同时期英国传媒规制中的公共利益

英国传媒业经过几百年的发展逐渐具备了今天的规模，伴随英国传媒业发展始终的，是政府和立法部门根据形势变化不断调整传媒政策与法规。按照传统新闻史学的观点，一部英国新闻史就是一部人民不断反抗政府管制，最终赢得新闻自由的历史。新闻自由的获取以施加在其上的一系列法律压制手段最终被解除为标志。这一关于历史的认识被一些人批评为“辉格史观”。其中，几个最具代表性的事件（这些事件都以印刷传媒为载体）包括：星法院被撤销（1641 年）、报刊许可制终结（1695 年）、《福克斯诽谤法》颁布（1792 年）、知识税废止（1853 年至 1861 年）。但问题是，这些“法律压制手段”的设立和解除，在当时的社会主要矛盾之下，果真如同现在人们所理解的那样吗？如果另辟蹊径，按“公共利益”的线索重新梳理这段历史，可能有助于更好地呈现英国传媒业及其传媒规制的发展全貌。下面将英国传媒规制的历史大致划分为 19 世纪之前、19 世纪至 20 世纪 70 年代、20 世纪 70 年代至 2010 年代三个阶段来呈现不同阶段的“公共利益”。其划分依据是：一方面，19 世纪之前，封建专制时代的“公共利益”表现为限制潜在威胁王权稳定、统治秩序的内容物的出版和流通；19 世纪上半叶，英国率先完成工业革命，自由主义意识形态深入社会的方方面面，尤其是煽动与诽谤法方面出现了将“公共利益”作为免于被起诉的因素的转折。另一方面，20 世纪 70 年代，在滞胀的背景下，英国出现了国企“私有化”和“去规制化”两大趋势，旨在推动产业发展的新自由主义成为新的社会主导思想；传媒规制领域的“公共利益”转而突出“消费者利益”方面的含义，旨在通过充分的市场竞争提供更多样化的产品，以满足不同层次的需求，区别于之前“公共利益”更突出“公民利益”方面的含义。

## 第一节 19世纪之前英国传媒规制中的公共利益：维护国王利益

### 一、早期的传媒规制

如果以英国境内设立的第一家印刷所，而不是英国境内出现的第一份新闻信或手抄报等形式的出版物为起点，可以比较准确地说，英国近代传媒业发端于1476年[1]。1450年前后，德国人约翰内斯·古登堡(Johannes Gutenberg)成功研制出了铅活字印刷机及其相关技术、设备。在这之后，印刷术很快就传遍欧洲，并于1476年传入英国。当时，一个名叫威廉·卡克斯顿（William Caxton）的人在威斯敏斯特的一家修道院中开设了英国的第一家印刷所，并于1477年11月18日出版了英国第一本活字印刷的书——《哲学语录辞典》(*The Dicts and Sayings of the Philosophers*)。在卡克斯顿的印刷所创办一年之后，德国人西奥多·鲁德（Theodore Rood）在牛津创办了英国历史上的第二家印刷所。1480年，立陶宛人约翰尼斯·雷托（Johannes Lettou）也在伦敦开办了自己的印刷所。[2] 为了鼓励印刷业竞争，国王理查三世(1483—1485年在位）在1484年颁布了一道旨在鼓励外国人在英国经营印刷业的诏令。在这样的政策鼓励下，一些外国印刷商于15世纪末

[1] 之所以将1476年作为起点，是因为笔者认为只有在大批量的出版印刷活动在技术上具备可能性，同时又出现了像印刷所一样可以进行规制的具体对象之后，对传媒进行的规制才是有意义的。

[2] 陈力丹，董晨宇．英国新闻传播史［M］．北京：人民日报出版社，2015：32.

纷纷来到英国做起了他们的生意。然而，不幸的是，与欧洲其他国家相比，当时英国正处于兰开斯特家族和约克家族为争夺王位而发动极为残酷、惨烈的“玫瑰战争”（1455—1485 年）期间，理查三世在颁布鼓励印刷业竞争诏令后的第二年便去世了。应该说，当时的英国社会客观上并不具备推动印刷术发展的条件，而且无论是印刷技术的发展水平，还是印刷产业的发展规模，都相对落后。

不过大体上看，在 15 世纪末到 16 世纪初这段时间，英国印刷业尽管发展较慢，但还是享有了较为宽松的政策条件。当时，印刷业更多地被视作一种创造商业价值（而非具有意识形态属性的情形）的行业加以管理。除了 1484 年理查三世颁布的鼓励外国人在英国经营印刷业的诏令外，就只有 1486 年亨利七世颁布的“反对编造消息和故事”的法令。之所以没有出现同之后的都铎王朝一样严厉的出版管制，有国内学者认为这“并非英国政府认可印刷商享有出版的自由权利，主要是因为当时有能力购买书籍的人主要集中在官员、律师、牧师和学者等群体，所出版的书籍也大多数有关法律、宗教、戏剧、文学和语法，这些内容并不对政府构成任何威胁”[1]。与这种解释相比，更有说服力的一种解释也许是当时印刷出版业的发展规模、印刷出版物的传播范围比较有限，印刷所那种小作坊式的生产机构并不能作为合适的问责对象进行干预或管制。“公共利益”尚且无法成为政府干预的理由，也很难成为印刷所赖以寻求独立性的依据。

## 二、特许出版制度、特许出版公司和《1586 年星法院法令》

英国历史上第一个别具特色的传媒规制举措是“特许出版制度”，有时也被译为“出版独占制度”，其历史最早可以追溯至 1504 年，但它最重要的发展是在都铎王朝时期由亨利八世推动的。鉴于“公共利益”是进行传媒规制的正当性、合法性依据，而特定的时代主题决定了传媒

[1] 陈力丹，董晨宇．英国新闻传播史［M］．北京：人民日报出版社，2015：36.

规制中的“公共利益”的基本内涵，为了探寻这一时期的“公共利益”到底是什么，除了沿着有迹可循的文本进行爬梳外，还必须结合当时整个欧洲宗教改革迅速展开，同时世俗王权不断强化自身的社会背景去理解。

如果把中世纪的“教会”也理解为某种传播机构，那么“宗教改革”的发生就意味着教会的传播机制和在它主导下形成的统治秩序已经到了不得不做出调整的时候。有学者指出，罗马教廷统治的兴衰与它对精英阶层和大众传媒的控制力有着密切的关系：“在中世纪的早期和中期，罗马教廷统治的兴起，从根本上说是基于教廷对精英阶层和大众传媒的有效控制。它不仅传递了夺取教会领导权的主张，还传递了一种代表其意识形态的世界观，为基督教对全世界的统治提供了合法性的依据。到了中世纪后期，罗马教廷对作为知识中心的精英阶层和大众传播的控制遭到了强有力的挑战，它在意识形态上的支配地位才被打破。随着其意识形态控制权的逐步丧失，罗马教廷的统治日渐式微。1077 年，罗马教廷颁布的逐出教会的命令使得欧洲最强大的君主跪倒在它面前；而到了 15 世纪，这个曾经不可一世的教廷连自身的税收也无法保证了。”[1]

正是在这样的大背景下，包括教皇发行赎罪券、马丁·路德(Martin Luther) 反对销售赎罪券等在内的一系列偶然事件引发了宗教改革运动。这场运动势头强劲，很快就蔓延到了英国。作为世俗王权的集大成者，英王亨利八世自幼受罗马教会熏陶，并且是托马斯·阿奎纳(Thomas Aquinas) 思想的忠实拥趸，路德对阿奎纳的批判自然招致亨利八世的极大反感，他甚至还专门写了一本拉丁文著作来驳斥路德的观点，并且将副本送给了利奥十世教皇。作为回报，利奥十世教皇授予他“信仰保护者”的头衔，促使其自觉地反对路德教义的传播。学者在考察这段历史的时候，很容易就将路德教的快速发展与印刷术的发明和普及联系起来，而一旦人们按照这些印刷出来的宗教典籍进一步考证罗马

[1] 卡伦．媒体与权力 [M]. 史安斌，董关鹏，译．北京：清华大学出版社，2006：81.

教会权力的神圣来源，却发现并没有明确的依据，就会加深对罗马教会的怀疑。

在内忧外患的双重压力下，为了抑制路德教义的传播，教会、国王、议会[1]开始采取不同的手段来积极应对这些具有“潜在危险”的宗教印刷品：首先，教会为了保证自身地位，通过开源节流的办法大量出版批判新教的宣传材料，烧毁未经授权的宗教印刷品。其次，国王打算与不能生育的王后离婚，期望争取教会在这件事上的认可，于是一方面默许新教印刷品广泛流传，另一方面下令收缴、集中销毁这些印刷品，由此在教会中赢得了好名声。最后，议会于 1515 年通过了一项法案以建立某种形式的出版审查制：“除非经过‘被指定的明智、谨慎的人阅读、讨论和审查过’，否则不得印刷和出版任何拉丁文和英文图书、民谣、歌本和悲剧作品。”[2] 议会于 1526 年公布了第一部禁书目录，又于 1529 年推行了一项法案，规定神职人员有权处罚、逮捕那些持有禁书的人。教会、国王、议会之间看似稳定的三角关系，于 1532 年被打破。那时，亨利八世通过其左右逢源的政治手段终于如愿以偿地控制了英国教会，从此更是形成了“政出一门”的格局。但是，罗马教皇出于种种原因（由于王后凯瑟琳是西班牙公主，可能更多是出于外交制衡的考虑），在 1533 年拒绝承认国王和王后离婚，为此亨利八世立即通过一项法案[3]，切断了英国与罗马教廷之间的联系。这样，世俗王权在包括管制印刷出版物在内的各项国内事务方面拥有了更加专断独行的

[1] 与后来的情况不同的是，在亨利八世时期，国王和议会的立场、诉求大体上是一致的。根据我国学者阎照祥的研究，在亨利八世时期，国王与议会的关系进入蜜月阶段，他们在反对教皇、建立高效政府等重大问题上立场一致，两者互相利用，再加上政府首席大臣托马斯·克伦威尔（Thomas Cromwell）操纵议会熟练老到，国王的要求大多都能得到议会支持。详见阎照祥．英国政治制度史［M］．北京：人民出版社，1999：108.

[2] 陈力丹，董晨宇．英国新闻传播史［M］．北京：人民日报出版社，2015：36.

[3] 即《1534 年至尊法案》（*Act of Supremacy 1534*）。该法案的主要内容是确定英王亨利八世和随后的君主作为英国教会的最高领导人，拥有任命神职人员和决定教义的权力，而拒绝接受这一法案者以叛国罪处死。在此之前，英国教会的最高领导人是罗马教会的教皇。笔者注。

权力。

随着欧洲政治、宗教纷争越来越激烈，英国印刷业的不断发展、印刷品的广泛传播[1]越来越被视为对王权稳定的威胁。1534 年，亨利八世颁布了一道保护国内印刷商的法令，禁止一切国外印刷品在英国境内出版和流通；同年又发布公告，规定所有出版商开业前都必须获得皇家许可。1538 年，亨利八世颁布了英国历史上第一部针对印刷品的常规审查法案——《1538 年公告》[2]。该公告提出了以下要求："禁止未经特别许可进口、销售或出版英文版书籍，或者印刷带有注释或序言的此类书籍，除非它们首先由枢密院或国王任命的人审查；即使在获得许可的书籍中，也不得在未添加'ad imprimendum solum'[3] 字样的情况下，印出'cum privilegio regali'[4] 的字样。若没有国王、议会成员或主教监督，任何人都不得印刷或出售任何经文书。任何出售有关圣礼派、再洗礼派等虚假教义书籍的人，都将被国王或枢密院发现。"[5]按照公告的规定，所有书籍都必须获得官方许可证才能出版，枢密院取代神职人员行使针对印刷物的管理权[6]，涉及宗教的印刷物更是受到严格控制。自此，特许出版制度正式建立起来，它仅允许获得特许权的少量印刷商存在，后者无论是在形式还是内容上都不会对王权构成威胁。

亨利八世去世后，经过爱德华六世、玛丽一世两朝的短暂统治，亨

[1] 据史料记载，当时的印刷品中有很多批判宗教、政治的内容。笔者注。

[2] 在《1538 年公告》颁布一年之后，议会通过法律明文许可国王通过"公告"(proclamation) 形式立法。1539 年，议会通过《公告法》(*Statute of Proclamations*) 赋予亨利八世在紧急情况下颁布公告的权力，而且规定这种公告的"效力与议会通过的法律相当"。"公告"由"条例"发展而来，被视作一项国王享有的法外特权。详见波特．普通法简史［M］．武卓韵，译．北京：北京大学出版社，2022：108－109．

[3] "ad imprimendum solum"是一个拉丁语短语，意思是"仅作为印刷的依据"。它通常用于书籍或文件的页脚或页眉，以表明该文本的准确性或权威性。它通常由公证人或认证机构使用，以确保文本的真实性和合法性。笔者注。

[4] "cum privilegio regali"是一个拉丁语短语，意思是"皇家特权"。它通常用于法律或政府文件中的特定术语或条款，表示具有特殊权力和拥有特权的机构或个人。笔者注。

[5] British History Online. Henry VIII：November 1538 16－20［EB/OL］．［2023－11－20］．https：//www. british-history. ac. uk/letters-papers-hen8/vol13/no2/pp353－369．

[6] 陈力丹，董晨宇．英国新闻传播史［M］．北京：人民日报出版社，2015：38．

利八世与他的第二个王后安妮·博林（Anne Boleyn）的女儿——伊丽莎白一世（1558—1603 年在位）即位。那时，英国当局所面对的挑战相比于之前更加复杂和严峻：首先是王位继承的合法性问题，在罗马教皇看来，英格兰仍然是教廷的采邑，伊丽莎白一世未同教皇协商就宣布即位的做法非常不妥，况且其父亨利八世与其母安妮·博林的婚姻也未得到教廷的承认，故教廷认为伊丽莎白一世并非英国王位的正统继承人；其次是宗教问题，伊丽莎白一世自己皈依了她天然信奉的新教，在即位之初先是通过法案将自己确认为教会首脑，使教会的至高权力成为王权的附庸，此后更是通过了很多有利于新教徒的法案，由此进一步加剧了天主教徒和新教徒之间的紧张关系；最后是婚姻问题，联姻牵涉到国际、国内的不同政治、宗教势力之间的联合或孤立，意味着这些力量的强弱消长，因此伊丽莎白一世不得不小心平衡，慎重考虑，以至于终身未婚。

面对王位继承合法性受到质疑、宗教纷争越来越激烈、联姻牵一发而动全身等诸多挑战，伊丽莎白一世必须采取有效的措施以维护统治秩序，其中就包括对大肆传播这些不利内容的印刷出版物实行了更加严格的管制政策，比如成立特许出版公司。1557 年，当时在位的玛丽一世向伦敦书商公会（Guild of Stationers）授予了皇家特许状，在联合早先特许出版制度下众多分散的、持有皇家特许状的出版商的基础上成立了皇家特许出版公司，使其拥有印刷出版行业的垄断特权，并且负责制定和执行法规。伊丽莎白一世即位后延续并强化了这一制度安排。根据皇家特许状章程的要求，“该公司的职责是制定规范和规范行业，确定适当的行为并维护自己的特权”[1]。这样，由议会、神职人员和皇家特许出版公司组成的出版管理体系就建立了起来。根据学者的研究，皇家特许出版公司中的职位包括助理法庭、主管、监察官、财务官、记录员和执事。其中，助理法庭是皇家特许出版公司中主要的法律和行政机构，

[1] LYONS M. Books: a living history [M]. Los Angeles: Getty Publications, 2001: 61.

包括负责人、两位看守长、办事员和八到十位特许出版商；主管每年由助理法庭协商选定；监察官一般有两位，负责协助助理法庭的工作；财务官主要负责处理罚款，并记录助理法庭的财务收支；记录员的职责是整理公司的日常材料；执事则负责发布会议公告，并在较小的争端中担任执法者。[1]

除了通过皇家特许出版公司进行控制外，伊丽莎白一世推行的出版管制措施还包括颁布《1586年星法院法令》，它是整个都铎王朝时期在出版管制方面内容最为详细的法案。早在1487年，亨利七世就建立了星法院（Star Chamber），作为民事和刑事问题上普通法院和衡平法院的审判活动的补充，其最初的宗旨在于确保针对那些有着崇高社会地位、政治地位人士的审判能够依法得到公正的实施，但由于对自身权力的滥用，星法院很快就成了进行政治压迫的代名词。为了有效地管理不断涌现的地下印刷出版物，星法院颁布了《1586年星法院法令》，其主要内容包括：第一，所有出版商的印刷品都需要在皇家特许出版公司注册；第二，除去牛津大学和剑桥大学，所有出版商都不得在伦敦之外的地区从事印刷活动；第三，宗教事务高等法院（委员会）（Court of High Commission）拥有任命特许出版商的权力，一般来讲，被认为具有足够能力和品德的印刷商先由助理法庭进行提名，再提交给宗教事务高等法院（委员会），由其中6位主教进行裁夺；第四，印刷任何图书都必须事先申请获得许可；第五，再次确认了皇家特许出版公司搜查、扣留、处罚及逮捕非法印刷商的权力；第六，学徒人数根据其成员在皇家特许出版公司的不同地位，一般限制在1—3人；第七，牛津大学与剑桥大学印刷所的学徒限制在1人。[2]不难发现，这一法案以限制出版商活动、赋予管理机构特权为主要内容：它限制了出版商活动的区域，限制了印刷所学徒的规模；对整个出版活动进行事先注册、事先许

[1] SIEBERT F S. Freedom of the press in England (1476 - 1776): the rise and decline of government control [M]. Urbana: University of Illinois Press, 1952: 66 - 67.

[2] 陈力丹，董晨宇．英国新闻传播史［M］．北京：人民日报出版社，2015：41.

可的限制；赋予管理机构给予特许的权力，赋予皇家特许出版公司强制执法的权力。这样一来，包括皇家特许出版公司在内的主体对印刷出版物进行管制的权力得到了进一步强化。尽管星法院和《1586 年星法院法令》于 1641 年被撤销和废止，但新的管理机制[1]很快于 1643 年卷土重来，基本上复制了《1586 年星法院法令》中的全部要求，区别仅在于这套新的管理机制是在议会主导下建立的（而不是像先前一样在国王主导下建立），旨在限制有关查理一世材料的出版。为了反对这一新的出版许可制，约翰·弥尔顿（John Milton）的名篇《论出版自由》就此问世。尽管弥尔顿本人在后来的职业生涯中的表现与他的前述主张背道而驰，却不影响他所阐述的自由精神逐渐发展为英国传媒的重要底色。

这里需要特别说明的是，特许制度有它自己的历史渊源，特许出版制度和特许出版公司不过是这一涉及许多商业领域的制度在印刷出版业的一个延伸。印刷出版业所具有的商业属性使它很自然地与这项制度联系起来。尽管印刷出版物所传递的内容被更多地视为对王权稳定构成了威胁，以今天的眼光来看，人们可能更容易从意识形态而不是商业因素去分析，更多地从“限制”而不是“促进”的角度去解读，认为它构成了历史上“新闻自由”“出版自由”所需要克服的第一道障碍，但实际上“限制”和“促进”之间往往是相反相成的关系。几百年后，针对“窃听门”事件而进行的报业改革，其标志性举措就是采取某种特许制度的形式，通过皇家特许状赋予独立规制机构特殊的地位，以保障公共利益。

有学者从整体上考察了特许状与欧洲中世纪商业之间的一般性关系，试图回答特许状到底是“限制”了还是“促进”了商业的发展。[2]

---

[1] 以英国议会于 1643 年颁布的《印刷品规制条例》（*An Ordinance for the Regulating of Printing*）[或称为《1643 年许可令》（*Licensing Order of 1643*）] 为标志，而约翰·弥尔顿的名篇《论出版自由》就是为了反对这一法案而作。笔者注。

[2] 赵立行．“限制”还是“促进”：特许状与欧洲中世纪商业 [J]. 历史研究，2009（6）：101－113，191.

首先，商业特许状往往是自上而下主动授予的，并不是斗争或妥协的产物，而且它所给予的通常只是“经营商业所必要的便利”，包括“在规定地域内居住、自由买卖、自由通行、免除一定的通行税、享受和平不受伤害的权利等等”[1]；其次，“商业特许状以封建主的利益为前提”[2]，其中封建主的利益包括宗教虔诚、论功行赏、增加某地的荣耀等，但最主要的还是使自己获得经济利益[3]；最后，商业特许状是要“将商业限制在可控的范围之内”[4]，这种限制包括对商业行为的地点、日期的规定，对交易过程、管理规则、管理机构的规定，甚至还有对某些地区实行商业垄断、避免自由竞争的保证。像特许制度这种既给予便利，又严格限制的看起来有些矛盾的政策，其实与当时人们的思维方式、社会秩序密切相关：商业被视为封建主获得利益的必要手段，但是又与基督教义相违背，危害精神幸福；商业交易所要求的人身自由、平等权利必然与庄园制、等级制之下的人身依附关系发生冲突，进而危及社会秩序。因此，商业活动只能控制在一定范围之内。

基于这样的认识，作为特许制度的一种具体形式的特许出版制度、特许出版公司，在维护封建主的利益（包括经济利益、政治利益）的前提下，主动给予特许出版商一些必要的便利，同时又对它施加种种限制，以保证它是可控的，就是要在允许它通过自身的商业活动获得经济利益的同时，使它不至于威胁到当时在世俗王权主导之下的社会秩序(不仅对印刷出版内容构成直接威胁，而且还对社会关系、社会秩序、思想观念构成间接威胁)。结论显而易见：“不能对此作纯粹现代意义上的价值判断，必须还原到特定的中世纪历史场景中。……在中世纪以土地为基础、以封建等级制为基本结构的社会中，特许状对商业的‘促进’必须以‘限定’为前提，反过来，特许状对商业的‘限制’也必须

[1] 赵立行．“限制”还是“促进”：特许状与欧洲中世纪商业［J］．历史研究，2009（6）：104.
[2] 赵立行．“限制”还是“促进”：特许状与欧洲中世纪商业［J］．历史研究，2009（6）：106.
[3] 现有的研究还无法说明特许出版制度的实施给封建主带来了多少经济利益，这里暂不展开。
[4] 赵立行．“限制”还是“促进”：特许状与欧洲中世纪商业［J］．历史研究，2009（6）：109.

以容许商业顺利进行为前提。"[1]所以，在这一阶段（包括下述诽谤法的早期阶段），传媒规制中的公共利益主要指向了国王利益，包括通过允许商业活动获得经济利益的利益和维护世俗王权主导下的社会秩序的利益。

## 三、《1792 年福克斯诽谤法》《1843 年坎贝尔勋爵诽谤法》及其他

### （一）《1792 年福克斯诽谤法》

在英国历史上，诽谤法堪称传媒法"皇冠上的明珠"。如前文所述，16 世纪的英国王室主要通过特许出版制度、特许出版公司和《1586 年星法院法令》等方式对印刷出版活动进行直接管制，经过数次废止再重建，其主要内容"换汤不换药"，在很长一段时间里发挥了重要作用。这些管制手段除了对印刷出版活动的时间、地点、经营范围、经营方式、垄断程度、管理机构等做出详细的规定外，在内容方面大多采用"事先审查"的方式，从源头上杜绝了不利于王权稳定的印刷品的出版。到了 17 世纪初的斯图亚特王朝，针对印刷出版活动的内容进行管制又找到了新的依据，即通过星法院，按照历史悠久的"煽动诽谤罪"(Seditious Libel) 对王室的反对者进行无情的镇压——某种程度上意味着针对内容进行管制的理念由"事先审查"逐渐转变为"事后追惩"。1606 年，国王詹姆士一世对煽动诽谤罪进行了修改，规定"任何可能降低公众对于王室评价的言论，都可以被称为诽谤"。而且，言论的内容是不是真相并不重要，若言论属实，其"诽谤"所造成的危害更大。[2] 犯煽动诽谤罪的出版物的作者、出版商都要受到严厉的惩罚，从程度较轻的罚款到人身监禁，枷锁示众、鞭刑、烙印无所不包。18 世纪初沿用了 17 世纪的煽动诽谤罪，但到了 18 世纪末 19 世纪初，这一针对内容进行管制的传统有了很大的转变，主要标志就是《1792 年

---

[1] 赵立行．"限制"还是"促进"：特许状与欧洲中世纪商业［J］．历史研究，2009（6）：113.
[2] 转引自陈力丹，董晨宇．英国新闻传播史［M］．北京：人民日报出版社，2015：49.

福克斯诽谤法》的颁布，它在很大程度上保障了“新闻自由”，也就是保障了“公共利益”。具体地看，英国议会于 1792 年通过的《诽谤法案》(*Libel Act 1792*)，又名《1792 年福克斯诽谤法》，因政治家、辉格党人查尔斯·J. 福克斯（Charles J. Fox）的积极推动而得名，同时明显地受到此前著名的“威克斯案”[1]和“朱尼尤斯信件案”[2]的影响。该法案的主要内容包括：“第一，在控告诽谤的审判中，陪审团可以对所涉及的整个事项做出一般性判决，而且陪审团不应该被法院要求仅仅根据出版物和由出版物而产生在信息中的意义的证据就认定被告有罪；第二，但法院应与其他刑事案件一样，就此事发表意见和指示；第三，陪审团可以找到一个特别的判决；第四，在本法案通过之前，被告可以中止判决。”[3]可以发现，《1792 年福克斯诽谤法》提升了陪审团在处理诽谤诉讼中的地位，诽谤罪的判处不再完全按照国王、大臣个人的好恶进行裁定，诽谤罪名成立的依据由“作者或出版商的意图”变为“文字对他人的有害影响”[4]，而后者显然更加难以判断。也正因如此，新闻自由、公共利益得到了有效的保障。很快，这一部新通过的法案的效力迎来了第一次检验。1789 年，法国大革命的余波扩散到英国境内，随着革命形势进一步变化，英国政府、民众对革命的态度由同情逐渐变成怀疑。托马斯·潘恩出版了《人的权利》一书，它被认为是对埃德蒙·柏克《法国大革命反思录》一书的回击。潘恩在书中对英国大加鞭

---

[1] 威克斯案是指 1762 年约翰·威克斯（John Wilkes）在其创办的《北不列颠人》杂志中发表文章批评国王，被司法大臣认定犯了煽动诽谤罪，政府颁布总逮捕状，将相关作者、印刷者、发行者及售卖者逮捕。这一行为引起群众抗议，政府在此压力之下被迫释放威克斯等人，之后法院判决政府赔偿 10 万英镑并宣布总逮捕状非法，而议会则默许报纸报道和评论政治新闻。笔者注。

[2] 朱尼尤斯信件案是指从 1768 年至 1772 年英国有多家报纸刊登笔名为“朱尼尤斯”（Junius）的批评国王的信件，司法大臣对其中六人提出指控。经过陪审团的长时间讨论，当事人被宣布无罪，自此确定“批评国王无罪”的原则。笔者注。

[3] Britannica. Libel Act [EB/OL]. [2023－11－20]. https://www.britannica.com/topic/publishing/Spread-of-education-and-literacy#ref398092.

[4] HUNT T L. Servants，masters and seditious libel in eighteenth-century England [J]. Book History，2017 (20)：83－110.

挞："世袭君主就是暴政，不能成文的宪法皆为虚幻，就连法律也都残暴而专横。神圣的《权利法案》不过是'一堆记录着邪恶和错误的废纸'。"[1]1792 年，潘恩以煽动性诽谤的罪名受到指控，为他辩护的是被誉为"西塞罗之舌"的律师托马斯·厄斯金（Thomas Erskine）。根据《1792 年福克斯诽谤法》，陪审团有权决定什么样的行为才算诽谤。考虑到受理该案件的陪审团成员大多已经有了给潘恩定罪的念头和倾向，厄斯金不得不采取一种复杂的辩护策略，通过引用柏克早期著作中的观点，以反对其晚期的观点，并与潘恩著作中的观点相对照，从而证明发生变化的不是潘恩（潘恩向来都是一名共和主义者），而是柏克自己（柏克并不谴责潘恩早期作品《常识》却反对潘恩的《人的权利》）。最终，陪审团仍然将潘恩定罪并流放，但是厄斯金坚定地为"已经被大家放弃的人"辩护，在他看来这恰恰体现了英格兰辩护制度和法律制度的优越性[2]。后来的故事在熟悉的轨道上继续发展。1803 年，议会允许记者在后排旁听；1831 年，议会增设记者席，记者从此成为议会的"第四等级"；1868 年，记者报道和评论议会新闻被承认不属于诽谤；1907 年，议会内部设置了新闻处，专司新闻发布活动。然而，不断改进的诽谤法对于新闻自由、言论自由的重要性不应该被过度拔高，诚如阿尔伯特·V. 戴雪（Albert V. Dicey）所论证的那样："议论的自由在英格兰中实不过是一种权利，任何人得用之以书写或谈论公私事务，但以 12 个店主人所组成之陪审团不至视作毁谤者为限。这样'自由'常依时节不同而变异，有时可以毫不拘束，有时必须十分拘谨。试就英吉利历史过去二百年间考之，自由议论的限度在毁谤法之下，常随公众情感所有实况而差异变迁。而且直至最近时候，英吉利法律卒未尝承认新

[1] 波特. 普通法简史［M］. 武卓韵，译. 北京：北京大学出版社，2022：247.

[2] 在托马斯·潘恩案之后，厄斯金于 1794 年先后担任托马斯·哈代案、约翰·霍恩·图克案、约翰·塞尔韦尔案的辩护律师。在这些案件中，英国政府出于对叛乱的恐惧，针对言论自由、结社自由进行大规模的攻击。厄斯金以其雄辩滔滔说服了法官和陪审团，维护了法律所保障的自由，保全了改革者的性命。详见波特. 普通法简史［M］. 武卓韵，译. 北京：北京大学出版社，2022：250－257.

闻报纸有任何特别利益。譬如，同一议论，倘若载于片柬或写于信纸上者被法律视作毁谤或亵渎，刊于书上或报上仍受均等待遇。准此以观，比利时宪法所为；即给予报纸的编辑人、印刷人、或发行人以特别保护一事，实不啻承认此辈人物有特殊权利。此项法律精神适与英吉利法律所有通常理论恰相反对。专就这一点立论，即谓出版自由未被承认于英格兰亦不为过。”[1]

**（二）《1843 年坎贝尔勋爵诽谤法》及其他**

继《1792 年福克斯诽谤法》之后，英国议会又通过了《1843 年坎贝尔勋爵诽谤法》。该法案规定，“事关公众利益的真实陈述”可在煽动诽谤诉讼中免于被起诉，这正是传媒规制中的“公共利益”的又一重要表现，即它是公民个人在诽谤诉讼中进行抗辩的事由之一。《1843 年坎贝尔勋爵诽谤法》允许被告在刑事诉讼中将证明诽谤内容的真实性作为有效辩护理由，其前提是必须证明诽谤内容的出版是为了“公共利益”，这相对于以前只允许在民事诉讼辩护中证明诽谤内容的真实性来说是一种进步。在过去，相关的刑事犯罪被认为本质上是通过印刷“恶意陈述”而不是“诽谤”破坏了和平，因而在该法案颁布之前，“陈述”本身的真实或虚假在刑事诉讼中是无关紧要的。通览全文，《1843 年坎贝尔勋爵诽谤法》第六条就明确提到：“在审理任何关于诽谤的控告或资料时，当被告提出下文所述的抗辩，可对被控事项的真相进行调查，但不得将其作为免责辩护，除非是为了公共利益（public benefit）而公布上述被控事项。”[2]

然而，如果沿着诽谤法的线索追溯，可以发现《1843 年坎贝尔勋爵诽谤法》并非英国“公共利益”出现的最早情形。早在诺曼征服时期，教会诽谤法针对被诽谤者私人提起的侵权诉讼规定的可进行抗辩的五种理由中，就包括了“为了公众的利益”[3]。只不过那时社会上尚未

[1] 戴雪．英宪精义［M］．雷宾南，译．北京：中国法制出版社，2001：284－285.

[2] Libel Act 1843：https：//www.legislation.gov.uk/ukpga/Vict/6－7/96/contents.

[3] 转引自施春强．英美诽谤法的历史发展［D］．上海：华东政法学院，2007：5.

出现大众传媒形态，加上社会较高的文盲率，导致了诽谤更多地依赖人与人之间的言语行为，而不是刊载于书面的内容。随着印刷技术于 1476 年传入英国，教会和王室很快就开始以种种手段对印刷品的传播进行控制，其中内容层面的控制以星法院对诽谤法的改革最具代表性。在“文字诽谤案”的判决中，更是明确地引入了罗马法中关于刑事诽谤的规定：“任何的书面诽谤，或者是针对普通平民的，或者是针对官员或其他公众人物的。即使诽谤是针对普通平民的，也仍然要严惩。因为虽然这一诽谤只是针对个人的，但是它将刺激这个家族中的所有成员、亲戚、朋友起来复仇，由此就会造成争斗从而破坏社会的安宁与和平，导致流血牺牲和其他巨大的麻烦。如果这一诽谤是针对官员或其他公众人物的，那这就是一种更大的冒犯。因为这不仅破坏了社会的安宁，而且是对政府的诽谤和丑化。试想，国王指派和选拔来治理他的国民的大臣居然被指控说是腐败或邪恶的，还有比这更大的对政府的诋毁和丑化吗?”[1]从这段论述中，至少可以有三点发现：第一，书面诽谤涉及的范围由公众人物、权贵人物扩展到普通公民，而且严重到各种类型的书面诽谤全部构成刑事犯罪；第二，即使书面诽谤只是针对个人，而不向当事人双方之外的第三人公布，也足以被定罪，因为它可能激怒被诽谤者的家族起来复仇、争斗，从而破坏社会秩序；第三，将书面诽谤作为刑事犯罪的出发点和归宿都是因为这种行为“破坏社会的安宁与和平”，归根到底是这种行为会破坏政府的形象，从而动摇其统治的根本。在这里，“公共利益”表现为“社会的安宁与和平”，并且通过一种默示的方式将“社会的安宁与和平”本身与承担维系“社会的安宁与和平”责任的政府捆绑在了一起。尽管以今天的眼光来看，两者之间并不一定存在必然的关系。所以，“公共利益”在这里并不像晚近以来作为诽谤诉讼的被告借以抗辩的理由来发挥自身的作用，而是作为维系社会、政府共同体，使之不至于崩溃和解体的内在要求，从而对出版行为与表达行为加以约束和限制。

---

[1] 转引自施春强．英美诽谤法的历史发展 [D]. 上海：华东政法学院，2007：21.

“公共利益”在英国诽谤法后来的沿革中持续发挥作用。星法院于1641年被撤销之后，普通法院逐渐取代了星法院的职能，先是全面地继承了星法院审理书面诽谤诉讼的制度安排，尤其是在查理二世短暂的复辟期间，普通法院坚定地站在王权一边，坚定地保障政府免遭书面诽谤材料批评，同时分裂成两派的议会倾向于使论敌受到诽谤法的严厉惩处，因而此时的司法机构、立法机构都倾向于以严厉的方式对待这种有着强烈政治色彩的书面诽谤。1688年光荣革命之后，王室特权受到了更大的限制，过去针对言论的严格管制在一定程度上有所松动，刑事书面诽谤制度的适用范围变得更狭窄。《1792年福克斯诽谤法》确认了陪审团就书面诽谤内容的真实性进行审查的权力，书面诽谤内容的真实性开始发挥它有限的作用。直到《1843年坎贝尔勋爵诽谤法》的出台，“真实”才被认可为一种抗辩的理由，但是还要符合“公共利益”的条件，才能构成对刑事诽谤的完整抗辩。到了20世纪90年代，作为诽谤法又一重要案例的“雷诺兹诉《泰晤士报》案”确立了“雷诺兹特权”(Reynolds Qualified Privilege)，意味着如果涉讼新闻内容涉及“公共利益”，而媒体的表现又符合负责任的新闻业（responsible journalism)，那么即使出现错误也可以免除责任[1]，这就极大地减轻了传统上诽谤法要求被告媒体承担的严格责任，也是对戴雪所论述的“出版自由未被承认于英格兰”的一大突破。本案中，大法官李启新勋爵（Lord Nicholls of Birkenhead）更是提出了关于新闻报道是否负责任的十条判断标准[2]，将“公共利益”的要求具象化。《2013年诽谤法》将“雷诺兹特权”进一步成文法化，此为后话。

---

[1] 魏永征，白净．从沙利文原则到雷诺兹特权：对借鉴外国诽谤法的思考 [J]. 新闻记者，2007 (8)：42.

[2] 这十条判断标准包括：第一，对当事人（诽谤案件的原告）指责的严重程度；第二，有关事项受到公众关注的程度；第三，消息来源是否可靠；第四，发表前是否做过核实；第五，有关事项所处状态，例如是否正处于当局调查中；第六，发表的迫切性；第七，有没有请当事人回应；第八，有没有报道当事人的意见；第九，行文的格调；第十，报道发表的现实环境和时机。详见简海燕．英美法律文化的混合与变异：以“蔑视法庭罪”为分析路径 [J]. 浙江社会科学，2008 (3)：61.

## 第二节　19世纪到20世纪70年代英国传媒规制中的公共利益：保障公民利益

### 一、知识税的产生与废除

正如前文提到的，《1792年福克斯诽谤法》授予陪审团（而不是法官）判断被告是否犯有诽谤罪的权力，而《1843年坎贝尔勋爵诽谤法》更是规定“事关公众利益的真实陈述”可在煽动诽谤诉讼中免于被起诉。这样一来，传统的法律手段在控制印刷出版物上的效力大打折扣，经济手段逐步取代法律手段成为新的干预方式——“19世纪中期的那段时间，并没有开创了报业自由独立的新纪元；事实上，只是取而代之以一个新的报业审查系统，这个系统比以往任何时期的审查都更实际，更有效。在那些法律压制手段无法将报业纳入到社会秩序的领域中，市场力量开始逐渐发挥作用。”[1]这里所谓“新的报业审查系统”，实际上就是指当时辉格党利用印花税、纸张税和广告税——统称“知识税”[2](Tax on Knowledge) ——对激进报纸进行干预的经济控制手段。

作为针对传媒的经济控制手段之一的知识税，其设立和废除都是在“公共利益”的名义下实现的，但在它被最终“废除”这个问题上，学界的认识存在分歧。主流观点认为，知识税的废除意味着新闻自由的最终胜利；而同情左派的观点则认为，废除知识税不过是策略性的手段，其初衷和效果都是压制而不是维护新闻自由，“公共利益”在此不过是一个“幌子”。在议会反对知识税的斗争中，改革派强调的其实并不是

[1] 卡瑞，辛顿．有权无责：英国的报纸、广播、电视与新媒体：第7版［M］．栾轶玫，译．北京：清华大学出版社，2016：6.

[2] “知识税”这一说法，由苏格兰教师、作家亚历山大·亚当（1741—1809）的“对纸张征税，就是对知识征税”而来。笔者注。

自由主义原则，而是针对底层民众的“政治教育”和“使英国社会保持稳定”等公共利益目标，因为当时欧洲大陆正处于1848年大革命带来的动荡之中，急需重建社会秩序，这些起主导作用的价值原则构成了对当时的报业进行干预、控制的目的和合法化依据。

这里先从知识税产生的缘起，即激进报纸出现，政府采取措施应对说起。1789年，法国大革命的爆发很快就给英国带来了巨大的震荡，英国社会各阶层和各利益集团纷纷做出回应，其中埃德蒙·柏克的《法国大革命反思录》和托马斯·潘恩的《人的权利》分别代表了当时保守主义思想和激进主义思想的两极，后者所传递的民主、平等思想深深地影响了英国处于贫穷、困苦境地的劳工群体，促使他们为了自身的政治权利而开展政治行动，于是大量的激进报纸开始涌现[1]，如《曼彻斯特先驱报》《剑桥信使报》《设菲尔德纪事报》等，伦敦成为激进报纸的主要阵地[2]。面对激进报纸的挑战，保守势力开始反击，其手段包括加强煽动诽谤罪的法律效力、建立反对者联盟、编订禁书目录、逮捕报贩、贿赂记者、向官办报纸发放津贴等[3]。然而，激进报纸的影响力越来越大，其读者数量不断攀升，政府当局不得不承认以上这些手段不再有效，于是开始考虑通过征收印花税、纸张税和广告税来限制激进报纸。征收这些知识税的目的：一是迫使报纸涨价，使读者群限制在富人之中；二是提高出版成本，使报纸所有权尽量掌握在富人阶层手里。[4]这样，穷人也许不再有能力购买、阅读他们所期待的激进报纸，而激进报纸的所有者也许不再有能力继续维持报纸的出版和发行，激进报纸的生存空间也许会受到严重的挤压。作为回应，一些地下报纸开始有组织地逃税、抗税，甚至连那些已经缴纳印花税的通俗报纸的出版商也开始

[1] 不过，对于激进主义运动的几次高潮与激进报纸的大量出现之间是否存在正向相关关系，并没有十分确定的结论。笔者注。

[2] 焦绪华.1789年—1815年英国激进报刊业[J].广西社会科学，2005(1)：150.

[3] 焦绪华.1789年—1815年英国激进报刊业[J].广西社会科学，2005(1)：151-152.

[4] 转引自卡瑞，辛顿.有权无责：英国的报纸、广播、电视与新媒体：第7版[M].栾轶玫，译.北京：清华大学出版社，2016：9.

向政府施压，威胁称如果不能采取有效反制措施，他们也将拒绝缴纳印花税。在重重压力之下，当时的辉格党加强了政府搜查和没收私人财产的权力，增加了对拥有未纳税报纸的出版商的罚金，而最重要的是将印花税的金额降低至原来的四分之一。大幅降低印花税带来的一系列连锁反应，终于从经济结构上彻底摧毁了激进报纸，使之无法在市场上与政治立场保守的通俗报纸相抗衡。此后，1853 年广告税被废除，1855 年印花税被废除，1861 年纸张税被废除，以上这些限制新闻自由的知识税被废除，在一些学者看来，意味着英国新闻出版自由的最后确立。然而，仅从降低印花税导致激进报纸被摧毁这一结果来看，詹姆斯·卡伦等就言辞犀利地指出："以往被认为是新闻自由里程碑的那些政策，无论是从目的还是从实际效果上讲，本质上都是一种压制手段。"[1]赵月枝也做出近似的判断："19 世纪英国报业的全面市场化是资产阶级针对工人阶级所发动的一场意识形态争夺战的一部分。"[2]

## 二、BBC 转变为公共服务公司

以往对传媒规制领域所涉及的公共利益问题的讨论，大多是在公共服务广播体系的语境中进行的。从 BBC 建立之初到《1977 年安南委员会报告》出台之前，几乎所有委员会报告在遣词用句上都突出了"公共服务""服务公众整体利益"这样的表述，它们将这一承诺作为一切广播政策的出发点。比如，《1923 年赛克斯委员会报告》指出，广播"这种媒体能够提供很有价值的公共服务，对于国家来讲具有重要的意义"；《1926 年克劳福德委员会报告》认为，BBC 的职责和地位"应该符合公共服务的要求，而管理人员的任命，也应该以能够促进该机构发挥最大作用和发展为唯一目标"；《1936 厄尔斯沃特委员会报告》认为，"广播能够对全国人民的思想和言论产生影响，它是维护国家利益的必需品。

[1] 卡瑞，辛顿．有权无责：英国的报纸、广播、电视与新媒体：第 7 版［M］．栾轶玫，译．北京：清华大学出版社，2016：10.

[2] 赵月枝．"窃听门"与自由主义新闻体制的危机［J］．文化纵横，2011（5）：120.

在任何时候、任何情况下，广播服务都应该尽最大努力去为人民谋取最大的福利”；《1951 年贝弗里奇委员会报告》指出，“广播的任务应该是为了社会利益而提供公共服务”；《1962 年皮尔金顿委员会报告》认为，“广播电视的概念一直都是一种服务，其全部的特征都是一种公共机构的职责，负责将社会中产生的各种行为和意见全面地表达出来，使公众们充分地知晓”。[1]

在英国公共服务广播体系建立的过程中，“公共利益”在两个重要的节点上发挥了至关重要的作用。第一个节点是 1926 年 BBC 在性质上由最初的私人公司转变为后来的公共服务公司，执照费被确定为它的主要收入来源。在这里，“公共利益”意味着 BBC 的垄断地位、执照费模式，以及 BBC 的独立自主。第二个节点是同年，通过对大罢工等事件的报道，处于起步阶段的 BBC 与政府之间的既有关系得到了强化，被 BBC 珍视的诸价值追求经受住了考验，在此基础上，BBC 逐渐形成了独立、专业的传统。

作为无线电技术（广播技术的前身）重要发源地之一的英国，其早期无线电技术的快速发展促使它较早地在国内建立起一套相应的规制体系，比如在 1904 年，英国就通过了世界上第一部《无线电法》(*Wireless Telegraphy Act 1904*)，将邮政总局（General Post Office）的职权从对有线电话的管理扩展到对无线电的管理。同时，业余爱好者从事无线电试验、娱乐的活动极度活跃，邮政总局于 1905 年 6 月开始向这些业余爱好者颁发执照，截至 1913 年 3 月，执照数量激增至 942 个。执照申请者数量的激增引起了英国议会对可能引发的混乱的担心，提出“执照应该授予那些有必要科学资质的人”[2]；而军方对过多的广播信号干扰军事通信的投诉进一步促使邮政总局下定决心停止颁发执

[1] 转引自卡瑞，辛顿．有权无责：英国的报纸、广播、电视与新媒体：第 7 版［M］. 栾轶玫，译．北京：清华大学出版社，2016：430.

[2] BRIGGS A. The BBC：the first fifty years［M］. Oxford：Oxford University Press，1985：11.

照，在未经批准的情况下，禁止一切广播接收和传送活动。这导致英国的广播发展很快就陷入停滞状态，同时也为人们重新思考应该建立怎样的广播制度提供了机会：既要避免重蹈马可尼公司一家垄断的覆辙，又要避免美国制度所引起的频道混乱。

经过持续的讨论、分析和研究之后，作为几家无线电接收器制造商的联合体的 BBC 于 1922 年成立了，前者在邮政总局的提议下被授予单一的广播执照，由邮政总局统一管理，后者以收音机税、执照费为两个主要的收入来源。但是，这种盈利模式潜藏着许多问题。根据邮政总长 1922 年 7 月 22 日的一段陈述，那些自己制造接收设备的业余爱好者将被允许使用这些设备，而根据邮政总局之后的观点，如果申请人拥有足够的技能来使用他自己的设备，那么他将拥有充分的知识来更好地使用一份实验性的执照，而该实验执照中没有插入广播接收执照中关于所使用设备类型的限制。结果，无线电业余爱好者通过自行组装收音机来逃避收音机税，听众通过申请试听执照来逃避全额执照费。据统计，1923 年缴纳执照费的用户为 8 万家，而逃避执照费的用户却相当普遍，是缴费用户的 4～5 倍[1]。这样一来，无线电设备制造商们所期待的大额利润并没有实现，而邮政总局所设想的统一管理的目标亦未能得到保障。

为了解决这些困难，邮政总长任命弗雷德里克·赛克斯（Frederick Sykes）少将担任政府委员会的主席，由他作为代表对财务等问题进行彻底的调查。赛克斯委员会（Sykes Committee）于 1923 年 8 月提交了报告（前文所述的《1923 年赛克斯委员会报告》），建议：首先，大幅度调整 BBC 成立和运作的计划，尽管广播服务不应由政府部门运作，但应该委托一个在政府许可之下工作的机构进行管理，对邮政总长负责，另外还要成立一个广播委员会，就重要事项向邮政总长提出建议；其次，针对财政困难问题，采用单一执照代替现有的实验和广

[1] 转引自李继东．英国公共广播政策变迁与问题研究［M］．北京：中国传媒大学出版社，2007：35.

播执照，该执照要花费10先令，所得款项的75%将直接转入BBC，并使执照费按照一个滑动比例计算，即执照数量越多，每个执照所付的费用越少。在《1923年赛克斯委员会报告》发布两年半之后，克劳福德委员会（Crawford Committee）也对BBC进行了调研并发布了报告（前文所述的《1926年克劳福德委员会报告》），确立了BBC公共广播电视公司的地位、皇家特许状和执照费收入模式，同时促使英国广播业的基本结构模式形成，即垄断、执照费模式和独立的公共管理机构，这成为长期以来英国公共广播组织与管理结构的三大基本原则[1]，也正是公共利益对当时英国广播电视规制体系的基本安排。从BBC服务公共利益这一点来看，《1926年克劳福德委员会报告》明确指出，广播服务应该由作为国家利益受托机构的公共公司来经办，它的地位和职责应该符合公共服务的原则。另外，执照费机制的建立使BBC得以在经济和政治的双重压力之下独善其身，保持相对独立的地位。

BBC的垄断、执照费模式和相对独立于政府的地位，何以意味着“公共利益”？

其一，BBC的垄断在一定程度上源于英国政府对域外缺乏管制的混乱局面的认识。BBC首任总裁约翰·瑞斯（John Reith）表示：“美国缺乏控制，结果导致了混乱……英国从美国的经验中学乖了，于是建立了一个中央控制的广播电台系统。”[2]1912年，美国的业余无线电爱好者和实验者人数就已高达40万人。然而，一拥而上的弊端也随之显现出来——业余电台与商业电台、海军电台之间因为广播频率问题冲突不断，业余爱好者被指控阻碍了海上救援行动，播出了虚假的紧急呼救信号，“泰坦尼克号”沉船事件进一步揭露了无线电乱象，最终催生了《1912年无线电法》。不过，以上只交代了对无线电进行管制的必要性，

---

[1] 转引自李继东．英国公共广播政策变迁与问题研究［M］．北京：中国传媒大学出版社，2007：36.

[2] 转引自斯丹迪奇．社交媒体简史：从莎草纸到互联网［M］．林华，译．北京：中信出版社，2019：244.

说明了 BBC 在一开始就处于垄断地位的部分原因，而要充分论证垄断与公共利益之间的关系，需要进一步从 BBC 的“公共服务”理念入手。该理念的最早确立被认为是基于一个假设——存在一个整体的公共利益，而从 BBC 的垄断到 ITV（Independent Television，英国独立电视台）成立之后的双寡头垄断的局面就是这一假设的现实反映。同时，“公共服务”理念与 BBC 和国家的关系密不可分：国家在 BBC 成立之初为其制定新规则、创立新机制；国家是公众的代表，公众是国家的公众（而非独立于国家的公众），国家监管的合法性实际上源于其代表公众行使权力。于是，“只有国家才能让 BBC 成为一个作为国民利益信托的公共机构”（《1926 年克劳福德委员会报告》），“我们没有理由认为在现实中 BBC 与政府部门对于公共利益的观点是有分歧的”（《1936 年厄尔斯沃特委员会报告》）。经过这一逻辑推导，BBC 代表国家为公众提供整体的公共利益（公共服务），或者 BBC 就是公共利益的代表等说法，就站稳了脚跟，而为了提供这一整体的公共利益（公共服务），BBC 当然需要国家支持和保障其垄断地位。

其二，执照费模式何以意味着“公共利益”？只因商业广告在当时被认为是公共广播电视的“腐蚀剂”，将会导致公共广播电视的堕落，从而无力支持 BBC“告知、教育与娱乐”的公共利益目标和较高的内容品位。因此，通过法律形式强制收取执照费成为英国公共广播电视“理所当然”的做法，执照费的增长幅度与物价水平（通货膨胀率）的变化挂钩。然而，目前 BBC 在英国国内的运营遇到瓶颈，与网飞（Netflix）等消费者订阅娱乐流媒体服务的竞争越来越激烈。同时，英国通货膨胀率居高不下，导致 BBC 节目制作成本迅速增加。BBC 陷入两难境地：若继续按照通货膨胀率增加执照费，将加重民众的生活负担；若削减执照费，则意味着 BBC 将不得不减少节目制作和播出。根据英国政府 2022 年 4 月 28 日的白皮书，已有百年历史的电视执照费将于 2027 年取消，另外，执照费也将维持在每年 159 英镑的水平，直至 2024 年 4 月。可以预期，随着一种新的盈利模式的出现，它与公共利益之间的关系将被理论家们逐渐建立起来。

其三，关于 BBC 相对独立于政府的地位与公共利益的关系，将在下文继续讨论。

## 三、1926 年大罢工事件与 BBC 的回应

在 1926 年的英国煤矿工人大罢工事件中，BBC 的新闻报道和 BBC 当时的总裁约翰·瑞斯为政府所做的辩护为我们研究处于起步阶段的 BBC 与政府的关系，以及 BBC 内部官僚集团所理解的“公共利益”的内容提供了生动的注脚：他们对“公共利益”的界定和当时政府的界定有时是高度一致的，首先表现为解决危机、维护社会稳定，其次才是“为了人民”。受第一次世界大战的影响，英国国内煤炭资源消耗殆尽，煤炭产量持续下滑，煤炭价格因涌入的进口煤炭而不断下跌，同时英镑汇率过高使其出口不具备竞争优势。为了保证一定的利润，矿主采取了降低矿工工资、延长工作时间等措施。这些措施遭到矿工拒绝后，矿主以关闭矿井相要挟。1925 年 7 月 31 日，英国内阁召开会议，答应给煤矿业 9 个月的津贴，以维持矿工原工资水平。但矿主们提出，津贴用完后就要降低工资、延长工时。而煤矿工会毫不让步。1926 年 4 月 30 日，政府津贴被用完，矿主宣布封矿。1926 年 5 月 4 日，总罢工开始，共持续 9 天，高潮时罢工总人数接近 600 万人[1]。大罢工从煤矿业扩展到社会上的各行各业，许多报纸也停止印刷，政府和民众之间的沟通手段变得极其有限，这就为 BBC 创造了充分的发展空间。BBC 每天分 5 次定时发布有关大罢工的新闻，并且革新了第一次世界大战时延续下来的简单粗糙、带有明显倾向性的宣传手段，利用“可信的中立新闻”[2]取信于民，不偏不倚地报道大罢工涉事各方的立场、观点，同时注意以自我监督的方式规避政府的干涉，由此逐渐形成了一种政治中立、专业主

---

[1] 方刚，殷骁．基于自由主义视域下的 BBC 与政府的博弈［J］．今传媒，2011，19（12）：18.

[2] 卡瑞，辛顿．有权无责：英国的报纸、广播、电视与新媒体：第 7 版［M］．栾轶玫，译．北京：清华大学出版社，2016：139.

义的传统，成功吸引了全国范围内的大量听众。也许是意识到了 BBC 在处理这场危机上的潜力，时任财政大臣温斯顿·丘吉尔（Winston Churchill）游说当时的首相斯坦利·鲍德温（Stanley Baldwin）征用 BBC，但在与鲍德温的一系列交流中，BBC 当时的总裁瑞斯表示被政府征用会破坏公司独立性、公正性的声誉。交流的结果是，鲍德温最终承认了 BBC 的独立地位。然而，这种"独立"不是绝对意义上的"独立"，BBC 与政府的立场在特定情况下是一致的，被高度推崇的独立性也要妥协。针对大罢工事件，瑞斯明确地表达了他所理解的 BBC 与政府的关系："BBC 是一个国有机构，既然在这场危机中政府所做的一切都是为了人民……那 BBC 所做的一切当然也都是为了政府。"[1]同样地，被同一时期的美国联邦通信委员会（Federal Communications Commission，FCC）视作广播规制中"公共利益"之具体表现的"机会均等"原则在此时此处的 BBC 这里并没有得到充分的保障，尽管瑞斯后来认为保守党、工党和工会在这场危机中的观点都得到了公平的报道，但是工党和工会并没有原谅 BBC 拒绝给他们的代表［包括工党领袖拉姆齐·麦克唐纳（Ramsay MacDonald）在内］广播时间，而 BBC 所执行的这一道禁令正是由当时的保守党下达的。与大罢工期间 BBC 对政府干涉的抵抗、妥协相类似的活动在这之后一遍又一遍地上演，其中包括"波立特事件"[2]"道尔顿-西特林事件"[3]等。在此过程中，BBC 与政府之间的既有关系不断被明确和强化。在经受大罢工的考验之后，BBC 更加坚定了自身作为公共机构的定位，以至于有学者将

[1] 转引自卡瑞，辛顿．有权无责：英国的报纸、广播、电视与新媒体：第 7 版［M］．栾轶玫，译．北京：清华大学出版社，2016：139.

[2] 波立特事件是指 1935 年 BBC 拟邀请共产主义者哈里·波立特（Harry Pollitt）和法西斯主义者奥斯瓦尔德·莫斯利（Oswald Mosley）参加关于英国宪法的系列访谈活动，遭到外交部、邮政总局抗议而不得不屈从于政府压力的事件。笔者注。

[3] 道尔顿-西特林事件是指 1939 年第二次世界大战爆发前夕，工党领导人休·道尔顿（Hugh Dalton）、哈罗德·J. 拉斯基（Harold J. Laski）和英国劳工联合会秘书长沃尔特·西特林（Walter Citrine）希望 BBC 能够播出一份个人声明，对德国人民发出警告，但 BBC 在外交部的要求下，只播出了一则名为"BBC 声明"的新闻，没有透露整个事件的内幕。笔者注。

BBC的公共性质与政府对工人运动的控制建立起直接的联系："BBC之所以成为公共机构更多地是基于政治上的考虑，是当时的政府为了控制或监督不断壮大的工人阶级的闲暇活动和其他潜在的社会不安定因素而冠以维护公共利益的名义。"[1]但是，多数学者还是对BBC在大罢工事件中及之后表现出的独立性表示高度的认可，对它与政府之间策略性的妥协表示理解。比如，尼克·史蒂文森认为"英国广播公司的'独立性'的意义超出了意识形态形式上的不承认"[2]。又如，凯文·威廉姆斯（Kevin Williams）认为"它没有公开地表明立场，但是它又的确是在一种对政治和道德秩序的特定理解中开展工作的。……许多人指出瑞斯别无选择，他只能接受国家的安排。这对于维护一个羽翼尚未丰满的组织来说是一种切实可行的决策"[3]。詹姆斯·卡伦等同样认为，BBC不遗余力地讨好政府部门，可能是其新闻报道能够躲避新闻管制的"唯一可行的策略"[4]，而这一观点清楚地说明了BBC一方面强调坚持独立的重要性，另一方面又与政府在许多事务上保持一致的看起来矛盾的做法的原因。

## 四、商业广播电视的发展——从《1954年电视法》到《1977年安南委员会报告》

如前文所述，BBC自1922年成立以来，通过向大众提供"告知、教育与娱乐"，自始至终将自身视作"公共利益"的代表，以品位高雅、格调不凡的节目，服务社会上流阶层的需要，在国内外赢得了良好的口碑，具有广泛的影响。然而，由于长期处于垄断地位，BBC缺乏有效

[1] 转引自李继东．论英国公共广播电视理念的缘起与嬗变［J］．现代传播（中国传媒大学学报），2007（3）：58.

[2] 史蒂文森．认识媒介文化：社会理论与大众传播［M］．王文斌，译．北京：商务印书馆，2001：103.

[3] 威廉姆斯．一天给我一桩谋杀案：英国大众传播史［M］．刘琛，译．上海：上海人民出版社，2008：140－141.

[4] 卡瑞，辛顿．有权无责：英国的报纸、广播、电视与新媒体：第7版［M］．栾轶玫，译．北京：清华大学出版社，2016：142.

的市场竞争，反过来也对“公共利益”造成了负面影响，比如机构庞大、人员冗杂、不计成本等，尤其是它制作的节目越来越显现出以伦敦为中心的倾向，不能真正代表伦敦以外更广泛地区的“公共利益”。为了解决这一问题，英国通过了《1954 年电视法》（*Television Act 1954*），规定要发展商业电视，由此英国进入商业电视的新时期。此外，《1954 年电视法》还规定通过建立独立电视局（Independent Television Authority，ITA）来对商业电视进行管理，并规定了一系列内容标准[1]，以防止商业广告可能的庸俗化倾向[2]。此后，英国又通过了《1963 年电视法》（*Television Act 1963*），要求新成立的商业电视继续承担和遵循公共服务广播的责任和原则，规定：将广播电视服务作为提供信息、教育、娱乐的公共服务；保证播出的节目在所有方面都达到较高的水准，特别是内容和质量，在主题选择上要广泛并注意平衡，这不仅指节目本身，也指节目播出的时间安排。[3] 为了鼓励商业广播的发展，英国通过了《1972 年声音广播法》（*Sound Broadcasting Act 1972*），将独立电视局更名为独立广播局（Independent Broadcasting Authority，IBA），负责管理 ITV 和独立地方广播电台（Independent Local Radio，ILR），由此英国广播电视业出现了公营、商营广播电视机构及其规制机构并行的双头垄断局面，直到《1977 年安南委员会报告》出台之后，这一局面才发生改变。值得一提的是，以上这些针对商营广播电视机构的规定，实际上是对商业广播电视提出了和公共广播电视一样的服务公

---

[1] 这些内容标准包括“不冒犯良好品位或体面”“维持较高的质量标准”“以适当的准确性和公正性呈现一切新闻”“源于英国或表现英国的适当比例”“在政治或工业争议事项，或者与现行公共政策有关的事项上保持应有的公正性”“关于政党讨论的适当平衡性”等。这些要求与 BBC 的宗旨“告知、教育与娱乐”大致上是一致的。笔者注。

[2] 在当时唯一可供参照的、实行商业电视体制的美国，其节目内容被英国官方视作“粗鄙的”（“vulgar”），尤其是美国商业电视在直播伊丽莎白二世加冕典礼的过程中插播了黑猩猩 J. 弗雷德·马格斯（J. Fred Muggs）的广告，这被认为是不可接受的。因此，《1954 年电视法》中加入了专门条款，禁止在播出王室活动时插播广告。这种禁止同样被冠以“公共利益”之名，其实质则是维护英国王室的形象。笔者注。

[3] 转引自泰勒，威利斯．媒介研究：文本、机构与受众［M］．吴靖，黄佩，译．北京：北京大学出版社，2005：104.

共利益的要求，正如安东尼·D. 史密斯（Anthony D. Smith）所指出的："1954年法案列出的禁止性规定，与BBC的主要编辑方针是大体一致的，但这些规定在之后的若干年内，仍然被用来限制独立电视台不得制作特定类型的节目。"[1]

《1977年安南委员会报告》对成立一个商业化运营的电视频道——第四频道（Channel 4）的建议及其最终实施标志着上一个阶段公营、商营广播电视并行的双头垄断局面被打破。《1977年安南委员会报告》指出，一方面要维护英国广播电视公共服务的传统，广播电视业的管理应由独立的公共权力机构负责，从维护"公共利益"的角度对节目内容负责；另一方面也要保证广播电视机构编辑的独立性，使其免受政治、既得利益集团的左右。[2] 为了实现以上这些目标，《1977年安南委员会报告》提出的主要建议包括：(1) 变更BBC执照费的资金支持；(2) 设立独立的第四频道；(3) 广播电视开启长期重组和多样化进程；(4) 建立广播投诉委员会（Broadcasting Complaints Commission）；(5) 地方广播电台的私有化；(6) 独立于直接的政治控制；(7) 增加独立的节目生产。值得一提的是，有学者发现《1977年安南委员会报告》在承认广播电视公共服务功能的基础上，进一步提出应该为公民提供更多的选择和服务。这意味着此时的内容监管已经不再局限于纯粹的公共服务模式下同意广播电视将公民仅仅作为一种同质性的大众，而是要求它们在内容上要满足不同群体和个人的多种文化需求。[3] 这进一步揭示了传媒政策层面所考虑的"公共利益"的服务对象出现了由"公民"转变为"消费者"的重要趋势。

---

[1] 转引自卡瑞，辛顿．有权无责：英国的报纸、广播、电视与新媒体：第7版［M］．栾轶玫，译．北京：清华大学出版社，2016：199－200.

[2] 黄春平．西方传媒内容监管机制的历史考察［M］．北京：社会科学文献出版社，2012：117.

[3] 黄春平．西方传媒内容监管机制的历史考察［M］．北京：社会科学文献出版社，2012：117－118.

## 第三节　20 世纪 70 年代到 2010 年代英国传媒规制中的公共利益：满足消费者利益

### 一、撒切尔时期的传媒改革

撒切尔时期，英国的传媒改革主要基于以下背景：一是经济领域的私有化、去管制趋势蔓延到传媒领域；二是有线电视、卫星电视等新兴技术带来的丰富传媒资源冲击了建立在频谱资源稀缺理论基础上的公共广播体制，由传媒大亨鲁伯特·默多克引领的新闻报道、管理实践和集团并购进一步动摇了英国传媒和意识形态领域的历史遗产；三是 BBC 在北爱尔兰问题上和马岛战争期间被视作“叛徒”“卖国者”的报道立场和报道活动引起了政府的不满。这三个方面的因素共同推动了英国传媒领域的新一轮改革。

首先，经济领域的私有化、去管制趋势蔓延到传媒领域。自 20 世纪 70 年代以来，英国经济领域出现了滞胀等问题，为此撒切尔政府的体制改革主要以“私有化”和“去管制”为特征，旨在实现刺激经济发展的目标。这些被后来的学者称为“新自由主义”。正是在这样的大背景下，英国的国企改革被提上了议事日程。1979 年，保守党领袖玛格丽特·H. 撒切尔（Margaret H. Thatcher）上台伊始，便大力推行私有化政策，改革原有的国企。撒切尔执政 11 年，先是出售商业化运作的国企，如石油、航空企业，接着出售亏损的国企及公用事业和自然垄断行业中的国有资产，如钢铁、天然气、供水、电力、机场和全国公共汽车公司。[1] 而她的一系列改革措施确实极大地遏制了滞胀现象，促进了经济增长，并减少了政府部门广泛存在的冗员、冗费等问题。随着改革的深化，涉及的领域进一步拓展，很自然地就将矛头对准英国自

[1] 沈祖炜．撒切尔的英国国企改革［J］．世纪，2016（3）：1.

1927 年以来逐步建立的公共广播体制，以及这种体制背后的意识形态依据。

其次，以有线电视、卫星电视为代表的新兴技术的发展极大地丰富了传媒资源，客观上动摇了建立在频谱资源稀缺理论基础上的公共广播体制。为了鼓励有线电视的发展，撒切尔政府在一种技术乐观主义思想的指导下，逐步放开了对有线电视运营商的限制，1987 年允许它们进军电话市场，1990 年又解除了对非欧洲国家拥有有线电视所有权的限制与对有线电视垄断发展的限制。[1] 1984 年出现的卫星电视也开始了它的市场竞争，直到 1990 年默多克的天空电视台兼并了英国卫星广播电视公司；至于数字电视、互联网的发展都是后话，在当时并不成熟。同时，默多克通过其管理实践和麾下报纸的新闻报道，与撒切尔政府在摧毁英国工会和工人阶级力量的斗争中结成了铁板同盟，更与撒切尔政府一道抨击 BBC 所代表的公共广播电视制度等。[2]

最后，根据史料记载，撒切尔政府对 BBC 在北爱尔兰问题上和马岛战争期间的“专业”行为极其不满。比如，在 1979 年，一名英国记者被主张分裂国家的爱尔兰共和军杀害，但 BBC 出于平衡报道的考虑，对爱尔兰共和军的相关情况进行了客观、全面的报道；又如，在马岛战争期间，BBC 拒绝对英国军队和阿根廷军队使用“我方”和“敌方”的表达，而是使用“英国军队”“阿根廷军队”这样客观、中性的称谓，甚至还采访了阿根廷的国防部部长和军舰舰长。在这些问题上，BBC 给予“敌方”话语权的行为，无疑激怒了撒切尔政府。于是，撒切尔政府决定先对关于 BBC 的宪法安排进行变更，然后再确保下一任 BBC 总裁更加接近其观点，并确保 BBC 管理层在北爱尔兰问题上更倾向于其政治观点。

在以上三大因素和其他因素的综合作用之下，一场轰轰烈烈的传媒改革开始了，具体举措包括以下三项。

---

[1] 李继东．英国公共广播政策变迁与问题研究 [M]．北京：中国传媒大学出版社，2007：64.
[2] 赵月枝．“窃听门”与自由主义新闻体制的危机 [J]．文化纵横，2011 (5)：120.

**（一）调整 BBC 内部的人、财、费**

如前文所述，BBC 的冗员、冗费等问题经常使它处于经营困难、入不敷出的境地，从而对公共利益产生负面影响：一方面，由于经费紧张，它不再能够一如既往地为公民（消费者）提供高品质、多样化的节目，以充分履行其公共服务的职责；另一方面，它在财政上高度依赖政府拨款，这从根本上危及其独立性。因此，一场针对 BBC 的改革势在必行。这里不得不提到的是迈克尔·切克兰德（Michael Checkland）。此人会计出身，先后担任 BBC 电视台“计划和资源管理”控制员（1977—1982）、BBC 电视台资源总监（1982—1985）、BBC 副总干事（1985—1987）、BBC 总干事（1987—1992）等，他职业生涯的主要任务就是调整资源配置，以解决当时 BBC 工作效率低下、人员冗杂、工会权力过大，以及因频繁要求政府提供资金而削弱自身独立性等问题。切克兰德曾着手实施一项新战略，通过鼓励诚实、高效、更好的管理、对话，以及 BBC 产品的专业开发，将资金投入需要的地方——制作节目[1]。其一，切克兰德换掉了过去的“官僚阶层”，建立起一个更加专业的团队来解决如何花钱和赚钱，以及如何应对工会、重塑管理秩序等问题。其二，于 1985 年升任副总干事的切克兰德开展了名为“黑点”（blackspot）的资源审查，团队于是掌握了 BBC 的运作方式，以及可以在什么地方进行削减，使得资源能够重新回到节目制作上。其三，切克兰德将向国外销售 BBC 节目的“企业”拆分成一家独立的公司，并向德勒（Deloitte）咨询以构建新的收支模型，结果发现新公司的利润急剧下降，于是停止支付各项税款，并将执照费收入转回到节目制作上。其四，切克兰德创办了与 BBC 的《园丁世界》（*Gardeners' World*）、《疯狂汽车秀》（*Top Gear*）、《美食秀》（*Good Food Show*）等节目相关的杂志，着手实现全部广播产品的同步化，并获得了巨大的商业成功。其五，切克兰德推动了 BBC 与艾康（Acorn）合作生产计算机，与电力

[1] SEATON J. 'Pinkoes and traitors': the BBC and the nation, 1974 - 1987 [M]. London: Profile Books, 2015: 53.

公司合作以节省燃料，避免过载。这些举措都为 BBC 带来了大量的资金。[1]

**（二）允许默多克的传媒并购**

新一轮的传媒改革主要是为了重新激发传媒机构的活力，因此“效率”而非“公平”可能是支撑“公共利益”的价值原则，“公平”不得不有所让渡。根据《星期日泰晤士报》前总编哈罗德·埃文斯（Harold Evans）于 2015 年 4 月 28 日在《卫报》上公开披露的消息，1981 年，当传媒大亨默多克打算收购英国《泰晤士报》和《星期日泰晤士报》时，他已经拥有《太阳报》和《世界新闻报》这两家销量最好的英国报纸。按照《1973 年公平交易法》（*Fair Trading Act 1973*）的规定，拥有两家以上的报纸有可能形成垄断，必须经过“垄断与兼并委员会”（Monopolies and Mergers Commission）的审查，后者通过全面审查此类交易可能涉及的公共利益（传媒所有权的集中可能限制表达自由等，笔者注），为贸易大臣提供建议。很明显，这项审查对于默多克的并购计划是不利的。于是，默多克秘密地与首相撒切尔会面、协商并达成了交易，撒切尔当时正陷入执政生涯的低谷，急需默多克主导的媒体的正面宣传，两者各取所需，一拍即合。此后，撒切尔先撤掉了当时的贸易大臣约翰·诺特（John Nott），由约翰·比芬（John Biffen）接任，然后再设法去钻法律的空子——根据法律的规定，如果贸易大臣判定相关企业的财务状况已经不满足“正常经营的企业”的条件，那么收购该企业就可以不经过垄断与兼并委员会的审查——然而，比芬刚上任就被派出国，等他回来后发现新的财务报表上《泰晤士报》《星期日泰晤士报》都陷入了亏损，不再是“正常经营的企业”，再加上某官员的暗中指示，

[1] SEATON J. ‘Pinkoes and traitors’: the BBC and the nation, 1974 - 1987 [M]. London: Profile Books, 2015: 53.

终于使默多克逃过了反垄断审查，成功地收购了这两家报纸。[1] 这两家报纸虽然在经营上亏损，但在影响精英舆论方面有着举足轻重的作用，使默多克的媒体权力覆盖了英国社会各个阶层。[2] 在撒切尔时期，默多克除了如愿以偿地收购了《泰晤士报》《星期日泰晤士报》外，还进一步抓住机会成功整合了英国天空电视台和英国卫星广播电视公司，并在整合四年之后成立了新的英国天空广播公司（BSkyB）。按照规定，英国卫星广播电视公司持有英国 IBA 颁发的执照，转让执照本来应该通过正式的审查，但是在此过程中默多克并没有遇到多大困难。

**（三）成立商业化的第四频道、第五频道**

第四频道的成立使得降低成本成为可能。1982 年，商业化的第四频道成立，使得广播电视领域出现了“生产市场”，建立价格体系成为可能，从而在生产节目时可以在此前“控制成本”的基础上“比较和控制成本”。为此，切克兰德强烈要求使用独立制片人以降低成本，但阿拉斯代尔·米尔恩（Alasdair Milne，1982—1987 年任 BBC 总干事）对此不屑一顾。和第四频道一样，成立于 1997 年的第五频道也是一个商业化的电视机构，其所有权被多次易手。

在对形势进行总体判断的基础上，撒切尔政府越发意识到调整广播电视规制政策的必要性和急迫性。具有划时代意义的《1986 年皮考克委员会报告》就此出台，对广播电视规制提出了几个方面的建议：一是从总体上确立“消费者至上”的原则；二是取消事前审查；

[1] 对于默多克收购《泰晤士报》《星期日泰晤士报》一事的负面影响，埃文斯的评价措辞十分严厉：“后来电话窃听丑闻中的那些污点——八卦报纸的猎人、粉饰太平的狡猾商人、敲诈者、贿赂者、说谎者、压迫者，以及患软骨病的政客和警察——都只不过是英国新闻业和政治界公信力坍塌后的残渣。最近老贝利街法院的审判中所表现出的残酷和狡诈，都起源于那个一月的周日，起源于玛格丽特·撒切尔对她的客人手中的媒体权力毫无节制的贪婪吞食。骇人听闻的电话窃听事件的起源非常简单——默多克新闻集团以为他们能凌驾于法律之上，而事实是，他们确实不受控制。”转引自 The Guardian. How Thatcher and Murdoch made their secret deal [EB/OL].（2015-04-08）[2023-02-16]. https://www.theguar dian.com/uk-news/2015/apr/28/how-margaret-thatcher-and-rupert-murdoch-made-secret-deal.

[2] 赵月枝．“窃听门”与自由主义新闻体制的危机 [J]. 文化纵横，2011（5）：120.

三是继续保留用于资助 BBC 的电视执照费，将其视为“最差的选择”。此外，还有“将 BBC Radio 1、BBC Radio 2 私有化”“不少于 40%的 BBC 和 ITV 的节目应该来自独立制片人”“ITV 特许经营权应该用于竞争性招标”等建议（并不是全部都得到最终实施，笔者注）。由此，过去由 BBC 主导的那种居高临下的局面逐渐被扭转，越来越多的广播电视服务提供商开始更加关注公众的需求，更有动力为公众创作更多样化的节目。

## 二、《2003 年通信法》的出台

进入“后撒切尔时代”，英国政府的意识形态出现了重要的转向。作为过渡，梅杰政府（1990—1997）对传媒的规制基本上延续了撒切尔政府的具体做法，但到 1997 年工党领袖安东尼·布莱尔（Anthony Blair）上台，英国政府不得不重新认真审视撒切尔时代留下的政治遗产，后者“攻击既存的组织与精英”[1]，其政策“进一步推进了已经遍及整个社会的变迁”[2]。工党对此做出的反应是重申老左派的观点，但是此举在选举中遭遇了挫折，因此它不得不改变自己的取向。正是在这一背景下，布莱尔领导的“新工党”走上了所谓“第三条道路”——社会民主主义[3]。这一施政纲领体现在执政党推行的各项社会政策中，

[1] 吉登斯．第三条道路：社会民主主义的复兴［M］．郑戈，译．北京：北京大学出版社，2000：作者序 3.

[2] 吉登斯．第三条道路：社会民主主义的复兴［M］．郑戈，译．北京：北京大学出版社，2000：作者序 3.

[3] “第三条道路”是一种介于自由放任资本主义和传统社会主义中间的政治经济理念的概称。对于布莱尔政府来说，“第三条道路”包括六大维度：政府改组、公民社会培养、经济重组、福利国家改革、生态现代化和全球体系改革。其中，“经济重组”具体是指“第三条道路”所支持的混合经济力图实现管制与去管制之间的平衡，以及社会生活的经济方面与非经济方面之间的平衡。新的混合经济力图在公共部门与私人部门之间建立一种协作机制，在最大限度地利用市场的同时，把“公共利益”作为一项重要因素加以考虑，将广泛的社会后果作为经济发展的衡量标准——这一主张与出台《通信法案》、成立通信办公室等举措是协调一致的。详见张冲．从吉登斯的“第三条道路”看民主社会主义理论的新变化［J］．学理论，2012（21）：13－14.

其中就包括了传媒方面的规制。

技术的变革也产生了深刻的影响。以网络、数字技术为代表的新传播技术改变了过去的传播载体、传播方式，它所具有的那种整合印刷出版、广播电视、电信通信等各种不同传媒的潜力，在一定程度上揭示了未来的趋势。据统计，英国家庭接入互联网的比例从 2000 年开始大幅度上升，从 1999 年的 19%，到 2008 年的 66%，再到 2018 年的 89%[1]，这意味着现阶段绝大多数英国人都能享受到网络带来的好处和便利；英国的互联网速度从 2010 年开始显著加快，2009 年有 36%的家庭网络宽带速度在 144 Kbps 到 2 Mbps 之间，到了 2018 年，高达 98%的家庭网络宽带速度高于 10 Mbps。[2] 互联网接入的普及和互联网速度的加快这两大因素的合力，使得"媒体融合"在技术上具备了成为现实的可能性。从时间上看，2000 年是英国境内网络开始蓬勃发展的时间节点，由此网络和数字技术开始对英国传媒和传媒规制产生影响。

人的因素也很重要。先后担任布莱尔的新闻秘书（1997—2000）、工党发言人（2000—2003）的阿拉斯泰尔·坎贝尔熟悉新闻界的运作规律，尤其是在按"人民的王妃"规格处理戴安娜王妃的葬礼[3]、帮助布莱尔准备 2001 年大选和 2005 年大选等事件中，以卓有成效的媒体管理赢得了声誉，亦使自己成为一些媒体的"敌人"。另外，布莱尔与传媒大亨默多克之间过从甚密，而默多克的新闻集团频繁地干预政府的传媒政策，比如就《2003 年通信法》相关事宜一共 6 次向大臣游说(lobby)。事实上，布莱尔每年会遇到默多克两三次，而与新闻国际总裁莱斯·辛顿（Les Hinton）等的接触频率更高。然后还有无数较小的

[1] Statista. Percentage of households with internet connection in the United Kingdom (UK) from 1998 to 2018 [EB/OL]. [2023-02-21]. https://www.statista.com/statistics/289201/household-internet-connection-in-the-uk/.

[2] Statista. Distribution of fixed broadband lines in the United Kingdom (UK) from 2008 to 2018, by connection speed [EB/OL]. [2023-02-21]. https://www.statista.com/statistics/276848/fixed-broadband-lines-in-the-united-kingdom-uk-by-speed/.

[3] 详见坎贝尔. 布莱尔时代：阿拉斯泰尔·坎贝尔日记选 [M]. 张萍，秦楠，孙晓云，译. 南京：南京大学出版社，2014：214-230.

联系：坎贝尔为《泰晤士报》写了一篇专栏文章；默多克的出版公司哈珀柯林斯争取出版《布莱尔回忆录》。布莱尔卸任首相之后的一系列表现，包括在2011年担任默多克女儿的教父、在2014年被传出与默多克妻子邓文迪的绯闻等都更加印证了这一点。

从文本材料来看，布莱尔政府传媒规制的主要内容集中地体现在了2000年政府白皮书《传播的新未来》、《2003年通信法》（包括此前的《通信法草案》《普特南报告》）、《2000年信息自由法》（*Freedom of Information Act 2000*）等文件中，这些文件集中地体现了“公共利益”的要求。下面试做简要的梳理。

**（一）2000年政府白皮书《传播的新未来》中“公共利益”的体现**

政府对彼时新出现的传播趋势的理解，构成了它调整传媒规制的依据。传媒规制中的公共利益具体表现为“供选择媒体的多样性”“媒体所有权的多元化”“普遍服务”“推动模拟信号转向数字信号”“管理频谱资源”“保护消费者和公民的利益”“维持公共服务广播的特殊地位”“推动商业机构的市场竞争”等。2000年12月，政府发布白皮书《传播的新未来》，预言了未来的美好图景：新的传播技术可以增加人们的选择，拓展媒体的多样性（包括在20年内至少增加250个新的电视频道），以及使媒体所有权更加多元化。与此同时，“电话、广播、移动通信和互联网的世界正在以惊人的速度变化和融合”[1]。政府意识到，必须更新目前为一个不同时代设计的规制框架，建立一个认识到当前快速变化的形势并能应对未来几年不可避免的变化的系统；[2]为了将传媒行业从过时的规制中解脱出来，既推动市场竞争，又平衡公民的需要，必须跨越广播和电信、内容和载体之间的传统分隔。在这样的认识之下，

[1] 引自时任文化、媒体和体育大臣克里斯·史密斯关于2000年《通信白皮书》的口头回复。详见 https://api.parliament.uk/historic-hansard/commons/2000/dec/12/communications-white-paper。

[2] 引自时任文化、媒体和体育大臣克里斯·史密斯关于2000年《通信白皮书》的口头回复。详见 https://api.parliament.uk/historic-hansard/commons/2000/dec/12/communications-white-paper。

一个覆盖广播电视机构、电信部门、内容和载体服务的新的规制机构"通信办公室"(Ofcom)应运而生，它整合了原来独立电视委员会(Independent Television Commission)、无线电管理局(Radio Authority)、电信办公室(Office of Telecommunications)、广播电视标准委员会(Broadcasting Standards Commission)和无线电通信局(Radiocommunications Agency)的一系列职责。

作为新成立的规制机构，Ofcom 将主要从三个方面承担并履行自身的职责，以实现维护公共利益的目标。首先是管理频谱的责任："通信依靠电线或电磁波谱的使用。频谱是一种重要的资源，必须以符合公共利益和满足技术发展需要的创新方式加以管理。由于频谱管理对于英国通信行业的发展和成功至关重要，我们将把频谱管理的责任纳入 Ofcom。"[1]其次是保护消费者利益的责任，这种责任将通过设立一个向 Ofcom 提供建议的消费者小组的方式来完成。消费者小组独立地研究消费者对所提供服务的看法、担忧，并向 Ofcom 传达这些内容。最后是保护公民利益的责任，这种责任将通过维持广播电视媒体的内容标准，确保在所有电子媒体中尽量减少伤害风险（特别是对弱势群体和儿童的伤害风险）的方式来完成，为此 Ofcom 将维持对免费电视频道的"分水岭"(watershed)[2]制度，促进人们对媒体信息的了解，使用有助于安全上网的分级和过滤的新机制。

根据时任文化、媒体和体育大臣克里斯·史密斯(Chris Smith)关于 2000 年《通信白皮书》的口头回复，2000 年政府白皮书中所制定政策的目标包括"确保人人都能获得各种最高质量的服务""使英国成为世界上最具活力和竞争力的传播和媒体市场的所在地""确保公民和

[1] 引自时任文化、媒体和体育大臣克里斯·史密斯关于 2000 年《通信白皮书》的口头回复。详见 https://api.parliament.uk/historic-hansard/commons/2000/dec/12/communications-white-paper。

[2] 所谓"分水岭"，有时又称"安全港"(safe harbour)，是指可能不适合儿童观看的电视节目可以播出的时间。笔者注。

消费者的利益得到保障”[1]。为了实现这些目标，2000 年政府白皮书提出了具体的建议：确保公共服务电视和广播频道向所有人免费提供服务，其他通信服务则以负担得起的价格向所有人提供；通过鼓励竞争，人们从互联网、更高带宽的服务中获益，确保不存在“数字鸿沟”(digital divide)。

具体来看，对公共服务广播电视机构和商业性广播电视机构的规制方式是不同的。一方面，公共服务广播电视的重要性再次被强调。克里斯·史密斯表示：“在数字技术给我们带来的频道及其他信息和娱乐来源的选择越来越多的世界，我们的基本信念是，公共服务广播电视对社会的重要性将越来越大，而不是越来越小。特别是作为知情的公共民主辩论论坛，它必须确保提供多种意见和观点，确保免费向所有人提供高质量的教育材料，并帮助推动从模拟到数字的转换。”[2]有鉴于此，政府决定针对公共服务广播电视推行“三级规制”方法(three-tier approach to the regulation)，根据不同广播电视机构的服务范围，提出不同的要求。在第一层级上，所有广播电视机构都必须遵守最低内容标准、新闻公正性、关于未成年人保护和残疾人无障碍的规定等基本规则；第二层级和第三层级主要针对公共服务广播电视机构，其中第二层级对“独立和原创节目的生产配额”“地区性产品和节目编排的需求”“在高峰时段新闻和时事的可获得性”提出了要求，第三层级要求提供各个时段高质量公共服务的时间表，这一点在广播电视机构自律失败的情形下会有公权力介入干预。另一方面，那些商业性广播电视机构的活动更多依靠《1998 年竞争法》(*Competition Act 1998*)赋予的权力进行规制，从而确保所有权的多样性，并且鼓励广告等相关市场上的竞争。

---

[1] 引自时任文化、媒体和体育大臣克里斯·史密斯关于 2000 年《通信白皮书》的口头回复。详见 https：//api. parliament. uk/historic-hansard/commons/2000/dec/12/communications-white-paper。

[2] 引自时任文化、媒体和体育大臣克里斯·史密斯关于 2000 年《通信白皮书》的口头回复。详见 https：//api. parliament. uk/historic-hansard/commons/2000/dec/12/communicatio ns-white-paper。

2000年政府白皮书首先建议替换一项规定，该项规定禁止任何人持有两个及以上能够吸引全部电视观众15%及以上的执照；其次建议撤销一项规定，该项规定禁止两个伦敦ITV执照的单一所有权。此外，2000年政府白皮书提出还将考虑修改关于规制无线电所有权的积分制度（points system）。

**（二）《2003年通信法》出台过程中对“公共利益”的考虑**

2002年《通信法草案》（*Draft Communications Bill*）对规制行动所蕴含的主导价值做了更具体化的呈现，由于篇幅有限，这里暂不展开。然而，值得一提的是，相对于2000年政府白皮书，2002年《通信法草案》有了一些修辞和表述上的微妙转变，这些转变被大卫·普特南（David Puttnam）担任主席的议会联合委员会敏锐地捕捉到，并且集中体现在了《普特南报告》中。

《普特南报告》对2002年《通信法草案》的全面、深刻的批判正是“将‘公共利益’和‘公民利益’问题最好地呈现出来付诸立法前检视的一个例证”[1]：其一，2000年政府白皮书中的“消费者”（consumer）在2002年《通信法草案》中的相应表述变成了“客户”（customer）[2]，这不仅是表述方式的变化，更意味着在草案中消费者利益没有得到足够的重视，而是被理解为“纯粹的商业关系”。更严重的后果是它“从Ofcom的考虑中排除了那些与通信提供商没有商业关系的人及那些无法获得服务的人”[3]，而这与Ofcom应该遵循的普遍服务原则是相违背的。其二，《普特南报告》第24条指出，2002年《通信法草案》中没有强调“公共利益”——“有一些与规制框架有关

[1] 费恩塔克．规制中的公共利益[M]．戴昕，译．北京：中国人民大学出版社，2014：139.

[2] 根据流行的界定，“客户”与“消费者”既可以是同一个人，又存在一些区别。区别在“目的”“付款”“人员类型”等方面。其中，客户的目的在于转售或消费，而消费者的目的仅限于消费；客户为商品或服务付款，而消费者不一定为商品或服务付款；客户在人员类型上属于个人或组织，而消费者在人员类型上属于个人或群体。笔者注。

[3] Joint Committee on Draft Communications Bill Report：https：//publications. parliament. uk/pa/jt200102/jtselect/jtcom/169/16901. htm.

的公共利益并未被包含在消费者驱动的目标中，并且没有在 Ofcom 目前起草的一般职责中得到适当反映。公民利益的概念在白皮书中脱颖而出，并且在法案草案附带的政策文件中被提及，但没有被列入法案草案本身”[1]。其三，《普特南报告》指出，2002 年《通信法草案》给出的议会和政府所需要履行的多达十五项的“一般职责”没有明确的等级排序，很可能使决策陷入瘫痪，因而建议简化 Ofcom 的职能，也就是“(1) 通过以下方式促进全体公民的长远利益：① 确保在电视和广播中提供多样性和多元化的高质量内容；② 鼓励对电磁波谱的无线电的最适使用。(2) 通过提高电子通信网络、服务及广播的效率来促进消费者的长远利益。并且尽可能通过促进英国全国、区域和地方通信市场的有效竞争加以实现……”[2]。将 2000 年政府白皮书中的“消费者”转变为 2002 年《通信法草案》中的“客户”，或者不再突出“公共利益”，这些不是简单的文字表达上的问题，而是反映了主导价值观念的变化，关乎公民的民主、社会和文化利益，以及在这些价值之下，Ofcom 作为“超级规制机构”应该怎样行使其一般职责，从而维护公共利益的问题。而在 Ofcom 怎样行使职责的问题上，如果它的职责过于庞杂，甚至彼此之间相互冲突，抑或各项重要职责无法兼顾，这实际上就指向了一个公共利益要求的不同层级之间如何进行排序的问题，下文将会做具体论述。

在 2000 年政府白皮书、2002 年《通信法草案》和《普特南报告》等文件的基础上，政府终于通过了《2003 年通信法》，进一步推动了传媒领域的“去规制化”进程。《2003 年通信法》中关于公共利益的内容主要集中在以下三个方面：一是明确了公共服务电视广播的目标及其实现方式；二是在促成媒体并购的前提下实施“公共利益测试”（Public Interest Test，PIT）；三是通过 Ofcom 的定位明确商业自由和民主价值

[1] Joint Committee on Draft Communications Bill Report：https：//publications. parliament. uk/pa/jt200102/jtselect/jtcom/169/16901. htm.

[2] Joint Committee on Draft Communications Bill Report：https：//publications. parliament. uk/pa/jt200102/jtselect/jtcom/169/16901. htm.

的重要性。

其一,《2003 年通信法》明确了公共服务电视广播的目标及其实现方式。一方面,根据《2003 年通信法》第 264 条第 4 款,英国公共服务电视广播的目标包括:“(1)提供有关的电视服务,确保提供题材广泛的节目供观众观看。(2)提供有关电视服务的方式(考虑到播放的日期及播放的时间),应尽可能满足不同观众的需要和利益。(3)提供有关的电视服务,就其性质和主题而言,这些服务(就同一事项综合而言)已取得适当的平衡以满足现有观众的需要和利益。(4)提供有关的电视服务,这些服务(综合来看)对其中的节目保持较高的一般标准,特别是在以下方面:① 节目的内容;② 节目制作的质量;③ 在制作节目时所运用的专业技能及编辑操守。”[1]另一方面,《2003 年通信法》第 264 条第 6 款,明确了实现公共服务电视广播的目标所需要履行的十项义务(公共利益要求)。这些义务基本上都是从瑞斯最初创立 BBC 时所提出的“告知、教育与娱乐”三项宗旨的基础上发展而来的,具体包括:“(1)有关的电视服务(综合来看)包括传播信息、提供教育和娱乐的公共服务。(2)英国的文化活动及其多样性,通过在这些服务(综合来看)中表现戏剧、喜剧和音乐,通过在这些服务中包括故事片,以及通过处理其他视觉和表演艺术得到反映、支持和刺激。(3)这些服务(综合来看)为促进公民对新闻和时事的理解和公平的、知情的辩论,在适当的程度上提供对英国各地和世界各地新闻和时事的全面和权威报道。(4)这些服务(综合来看)可满足各种不同的体育和其他业余爱好。(5)这些服务(综合来看)包括 Ofcom 认为适当数量和范围的关于教育事项的节目、具有教育性质的节目和其他具有教育价值的节目。(6)这些服务(综合来看)包括 Ofcom 认为适当数量和范围的节目,涉及科学、宗教和其他信仰、社会问题、具有国际意义或利益的事项,以及专家感兴趣的事项。(7)这些服务中包括的涉及宗教和其他信仰的

[1] Communications Act 2003: Section 264 (4).

节目有：① 提供关于不同宗教和其他信仰的新闻和其他信息的节目；② 关于不同宗教和其他信仰历史的节目；③ 展示礼拜仪式及其他仪式和习俗的节目（包括一些完整展示礼拜仪式和其他仪式的节目）。（8）这些服务（综合来看）包括 Ofcom 认为数量和范围合适的为儿童和青年提供的高质量和原创节目。（9）这些服务（综合来看）包括 Ofcom 认为数量足够的反映英国境内不同社区的生活和关切，以及英国不同地区的文化兴趣和传统的节目。（10）这些服务（综合来看）只要包括在英国制作的节目，就包括 Ofcom 认为范围和比例适当的在 M25[1]以外制作的节目。"[2]

其二，《2003 年通信法》旨在促成媒体并购，并且特别强调了公共利益。这很容易让人联想到"经济基础决定上层建筑"的政治经济学判断，媒体输出渠道所有权的集中将引起社会上流通的观点多样性的丧失。在费恩塔克看来，这两者之间的关系"即使纯属巧合但也十分重要"[3]。当时，社会上对愈演愈烈的媒体并购的普遍担忧有着法律上的根源：比如，《1996 年通信法》中针对媒体的持股上限与干预门槛的严格规定，被《1998 年竞争法》中的一般性竞争规定和《2002 年企业法》中的兼并规定取代；又如，根据《2003 年通信法》第 369 条至第 372 条，Ofcom 被赋予和公平交易办公室（Office of Fair Trading，OFT）[4]并立的权力，并可由文化、媒体和体育大臣为其进一步赋权；再如，根据《2003 年通信法》第 373 条和第 374 条，《1973 年公平交易法》中为报纸并购制定的具体措施，被《2002 年企业法》中的一般性规定取代。在这样一种鼓励媒体并购的大背景下，公共利益的重要性再次被强调——《2003 年通信法》第 375 条至第 389 条规定了作为执行机构的 Ofcom 在媒体并购方面的咨询义务，它必须实施媒体并购的公共利益

[1] M25 是环绕大伦敦（Greater London）大部分地区的主要道路。在《2003 年通信法》中，M25 作为"事实上的替代性边界"用于指代大伦敦地区。笔者注。

[2] Communications Act 2003：Section 264（6）.

[3] 费恩塔克．规制中的公共利益［M］．戴昕，译．北京：中国人民大学出版社，2014：144.

[4] 根据《1973 年公平交易法》设立的英国非部级政府机构，已于 2014 年被撤销。笔者注。

测试，该测试又被称为“多元性测试”(plurality test)。一方面，在涉及报纸并购的情形下，公共利益的考虑因素包括：(1) 需要在报纸上准确呈现新闻；(2) 需要在报纸上自由发表意见；(3) 在合理和可行的范围内，需要在英国或英国部分地区的每个市场中的报纸上表达足够多的观点。另一方面，在涉及广播并购或跨媒体并购的情形下，公共利益的考虑因素包括：(1) 需要有足够多的人控制媒体企业，为英国或英国特定地区的每个不同受众提供服务；(2) 需要在整个英国提供广泛的广播，这种广播（整体来说）是高质量的，并且计划吸引各种各样的品位和兴趣；(3) 对于经营媒体企业和控制此类企业的人员，需要真正致力实现《2003 年通信法》第 319 条规定的标准目标（如关于广播中涉及的准确性、中立性、伤害、冒犯、公平、隐私等事项的标准)。[1] 这些条款大致上确立了媒体并购语境中公共利益的概念。然而，作为规制机构的 Ofcom，它所要保障和维护的公共利益并不应该仅仅局限在这个方面。

其三，Ofcom 对自身角色的定位，明确了它对商业自由和民主价值的理解与认识。2004 年，Ofcom 如是说明它的目标：“(1) 对促进选择和竞争与增进多元性、公民知情、保护观众、听众与顾客以及促进文化多样性的义务两者加以平衡。(2) 在传媒行业进入数字时代的背景下服务于公民—消费者的利益。(3) 支持创新者、创造者和投资者在由所有服务提供者之间充分公平竞争驱动的市场之中实现繁荣发展的需要。(4) 为所有联合王国居民的最大福利而鼓励电子媒体和传媒网络的演化。”[2]然而，这些过于宽泛的表述并不足以解决消费者利益与公民利益、私人的商业性利益与公共利益之间的矛盾，正如费恩塔克所说的那样，Ofcom 所享有的管辖权限如此之广，而在其中心则存在相当大的

[1] Ofcom. Ofcom announces guidance on media mergers public interest test [EB/OL]. (2004-01-05) [2023-03-10]. https://www.ofcom.org.uk/about-ofcom/latest/media/media-releases/2004/ofcom-announces-guidance-on-media-mergers-public-interest-test.

[2] 转引自费恩塔克. 规制中的公共利益 [M]. 戴昕，译. 北京：中国人民大学出版社，2014：149.

模糊与矛盾，这并不能仅仅像 Ofcom 在概述其职权时说到在数字时代服务“公民—消费者”那样简单地使用一个连字符的方法就可以满意解决了。[1] 这就又回到了不同价值取向之间等级次序如何排列的问题上，而这也许可以通过所谓“公共利益测试”的方式加以明确。

**（三）信息专员办公室、《2000 年信息自由法》与公共利益测试**

在《2003 年通信法》媒体并购的情形下引入“公共利益测试”之前，英国政府就已经在信息自由（或信息公开）问题中引入了“公共利益测试”。执行该测试的信息专员办公室（Information Commissioners' Office，ICO）成立于 20 世纪 80 年代，最初作为数据保护监管机构，确保企业遵守《1984 年数据保护法》（*Data Protection Act 1984*）。目前，ICO 是受数字、文化、媒体和体育部赞助的一个非政府公共组织，主要职责是维护公共利益中的信息权利，提高公共机构的开放性和保护个体的数据隐私。ICO 执行与数据、信息有关的广泛立法，包括《1998 年数据保护法》（*Data Protection Act 1998*）、《2000 年信息自由法》和《2003 年隐私和电子通信条例》（*Privacy and Electronic Communications Regulations 2003*），此处涉及的主要是《2000 年信息自由法》等。在这里，“公共利益”具体包括哪些内容呢？

一方面，《2000 年信息自由法》毫无疑问地赋予了公众获得政府当局掌握的信息的权利，同时根据该法第二部分的规定，通过“公共利益测试”，可以对信息发布与豁免[2]之间的公共利益进行权衡。图 3-1 显示了处理“绝对豁免”和“有条件豁免”的方式之间的差异。当政府当局希望根据“有条件豁免”来隐瞒信息时，它必须先决定对所要求的信息实施豁免，然后再进行公共利益测试，这意味着它必须决定是否通过维持豁免（并因此隐瞒信息）或披露信息来更好地服务公共利益。只有在维持豁免的公共利益超过披露信息的公共利益时，它才能隐瞒信息。

[1] 费恩塔克．规制中的公共利益［M］．戴昕，译．北京：中国人民大学出版社，2014：149－150.

[2] 即免于发布信息，分为绝对豁免和有条件豁免两种情形。笔者注。

如果维持豁免的公共利益与披露信息的公共利益是相等的，那么信息就必须被公布。如果披露信息的公共利益大于维持豁免的公共利益，那么信息也必须被公布。从这个意义上说，《2000 年信息自由法》的总体倾向是赞成信息公开。[1]

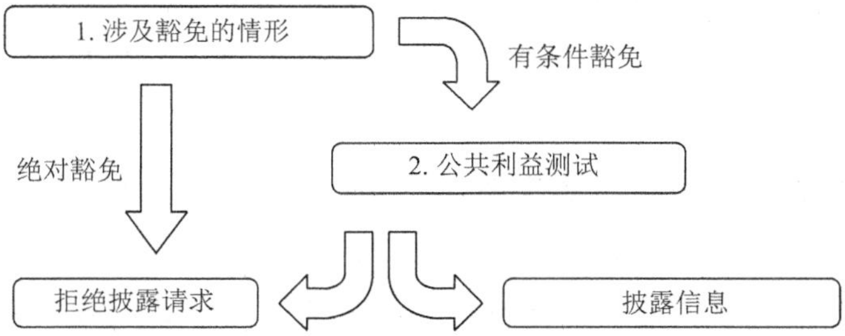


**图 3-1 处理“绝对豁免”和“有条件豁免”的方式之间的差异**[2]

另一方面，《2000 年信息自由法》对“公共利益”的含义做了清晰的阐释：“公共利益涵盖与公共产品或社会最佳利益相关的广泛价值和原则”，更举例说明公共利益包括“透明度和问责制，以促进公众理解和维护民主进程”“公共机构的良好决策”“维护廉正标准”“确保人人享有公正和公平待遇”“确保公共资源得到最佳利用”“确保混合经济中公平的商业竞争”等内容。[3] 同时，《2000 年信息自由法》还对以下基本判断进行了有力的论证：(1) 符合公共利益并不自动意味着信息应该被披露或被隐瞒；(2) 公众兴趣不一定等同于公共利益，请求者的私人利益本身不等同于公共利益；(3) 公共利益测试必须考虑处理请求时

[1] ICO. The public interest test [EB/OL]. [2023 - 03 - 21]. https：//ico. org. uk/for-organisations/foi-eir-and-access-to-information/freedom-of-information-and-environmental-information-regulations/the-public-interest-test/.

[2] ICO. The public interest test [EB/OL]. [2023 - 03 - 21]. https：//ico. org. uk/for-organisations/foi-eir-and-access-to-information/freedom-of-information-and-environmental-information-regulations/the-public-interest-test/.

[3] ICO. The public interest test [EB/OL]. [2023 - 03 - 21]. https：//ico. org. uk/for-organisations/foi-eir-and-access-to-information/freedom-of-information-and-environmental-information-regulations/the-public-interest-test/.

的情况；(4) 豁免的公共利益的论点必须具体涉及该豁免[1]；(5) 必须考虑公共利益的平衡问题；(6) 提供信息全貌是公共利益；(7) 存在其他审查方法本身并不削弱公众在披露信息方面的利益；(8) 促进政府当局的透明度符合公共利益；(9) 必须考虑支持和反对披露的论点的相对权重[2]；(10) 政府当局做出“既不确认也不否认”其持有所要求的资料的决定本身需要接受公共利益测试。针对“公众兴趣不一定等同于公共利益”的基本判断，2007 年“《卫报》和希瑟·布鲁克（Heather Brooke）诉信息专员办公室和英国广播公司案”就予以了充分的说明。针对该案件，ICO 说道：“威尔斯先生还在他的陈述中展示了一长串与此事有关的新闻文章。威尔伯福斯勋爵在英国钢铁公司诉格拉纳达电视有限公司案中说：‘公众感兴趣的内容与公开符合公众利益的内容有很大的区别。’我们没有发现文章清单对我们有帮助，因为在选择的材料中没有区分符合公众利益的事项和公众仅仅感兴趣的事项。”[3]

## 三、“窃听门”事件与“莱文森调查”

布莱尔政府之后短暂执政的布朗政府（2007—2010）总体上采取了审慎的政策，尤其注意规避布莱尔政府过于仰赖传媒顾问而造成的负面影响。为了维护社会稳定，布朗政府通过出台法令[4]的方式加强对传媒的控制（而非布莱尔政府利用传媒进行“作秀、包装和策划”）。到

[1] 如果豁免是为了损害某一特定利益，则避免这种损害符合固有的公共利益。然而，如果豁免是为了保护某一类信息，则不一定存在固有的公共利益。笔者注。

[2] 影响相对权重的因素包括一切偏见的可能性及其严重程度、信息存在的时间、所要求的信息在多大程度上有助于公众的知情、类似信息是否已经存在于公共领域。笔者注。

[3] ICO. The public interest test [EB/OL]. [2023-03-21]. https://ico.org.uk/for-organisations/foi-eir-and-access-to-information/freedom-of-information-and-environmental-information-regulations/the-public-interest-test/.

[4] 法令禁止记者私下向下议院议员提前打听政府即将出台政策的内容，以及首相即将在下议院进行活动的情况，不允许记者以“首相将会说”或“首相将会做”的方式进行报道。这些恰恰是布莱尔政府的传媒顾问坎贝尔的拿手好戏。详见孟艳．当代社会民主党应对媒体社会的策略分析 [J]. 科学社会主义，2009 (2)：144.

了卡梅伦政府（2010—2016），由“窃听门”事件引发的媒体改革提上议事日程——从撒切尔政府到卡梅伦政府的几届政府施行的各种主张背后蕴含着一条新自由主义模式不断进行自我修正的线索，国家对社会经济、意识形态的干预时而削弱，时而强化，国家的角色不再能简单地通过搬用古典自由主义的“守夜人”来概括[1]。在此背景下，公共利益作为进行传媒规制的依据、目标，继续发挥着重要的作用。

**（一）“窃听门”事件：媒体对“公共利益”的侵犯**

震惊世界的“窃听门”事件使百年小报《世界新闻报》“死于非命”，更带来一系列连锁反应。这一切肇始于英国王子的膝盖。2005年11月13日，《世界新闻报》王室事务编辑克莱夫·古德曼（Clive Goodman）在报纸上发表文章称威廉王子正在向ITV王室记者汤姆·布拉德比（Tom Bradby）借用便携式编辑套件（Portable Editing Sutie）。由于活动并未公开，威廉王子不知道自己与布拉德比的会面细节是如何被泄露的；威廉王子更指出，此前自己与膝盖外科医生的预约事宜也遭到了泄密，他推测可能是语音信箱被人擅自访问了。伦敦大都会警察局介入调查此事。调查结果最初牵涉到克拉伦斯宫[2]（Clarence House）的工作人员，随着调查的深入，发现窃听受害者还包括政府部长、议会议员、军事首长、传媒大佬、足球运动员和其他名人——针对英国王室的窃听丑闻，是更大范围的窃听丑闻的前奏。随着时间的推移，越来越多的媒体开始披露消息，指责《世界新闻报》以窃听方式获取独家报道的行为非常普遍，社会关注度持续上升，然而并未得到该报领导层的正面回应[3]。2011年7月4日，《卫报》刊登的一

[1] 田德文．修正新自由主义：英国政府新战略研究［J］．欧洲研究，2020，38（6）：132.

[2] 克拉伦斯宫目前是国王查尔斯三世和王后卡米拉的伦敦住所，也是威廉王子2003年到2011年期间的住所。笔者注。

[3] 2009年7月21日，《世界新闻报》前主编、时任保守党通信主任的安迪·库尔森（Andy Coulson）在接受下议院文化、媒体和体育特别委员会质询时，矢口否认自己对“窃听门”事件有任何了解，表示：“我对工作人员的指示很明确，除非有明确的公共利益，否则我们不会使用任何形式的诡计。他们应该始终在报业投诉委员会（Press Complaints Commission，PCC）规定范围内工作。”笔者整理。

篇报道彻底点燃了公众的愤怒。根据报道，英国女孩米莉·道勒（Milly Dowler）于2002年3月在回家的路上失踪[1]。当女孩的家人、警方想方设法寻找她时，《世界新闻报》却指使私家侦探非法侵入她手机的语音信箱，不但窃听留言，还在语音信箱已满后删除了部分留言，使得女孩的家人、警方做出了她仍在使用手机、仍然活着的误判。早有前科的《世界新闻报》这次因扰乱警方的破案而遭受舆论谴责，不得不在几天之后彻底停刊。“窃听门”事件给予学界再次管窥西方新闻自由的机会[2]，有人就此指出英国报业的自律机制“是一条走不通的新闻改革与发展之路”[3]，也有人认为“窃听门”事件反映了新自由主义新闻秩序的危机[4]，以及该事件处理的过程和结果或可使广大受众期待传媒新秩序的开始[5]等，这些评价都有一定道理。与此同时，也应当注意到英国传媒规制具有自我修复机制，它对于传媒新秩序的形成具有重要意义，更有助于直观地考察传媒与监管机构对公共利益的“破”与“立”。

### （二）“莱文森调查”：报业改革与“公共利益”的重申

由“窃听门”事件引发的汹涌民意，使卡梅伦政府不得不直面英国报业的积弊。政府任命莱文森法官对报业的总体情况进行独立调查，为今后报业监管提供意见（包括报业应该遵循的标准，以及规范报业运作的方式、发布内容的主体等），史称“莱文森调查”。具体来看，“莱文森调查”的范围包括报业自身的状况、报业与公众的关系、报业与警察的关系，以及报业与政治人物的关系等。调查形成了近2000页的报告，得出了若干结论：一是报业存在商业压力问题；二是报业与警察、政治

[1] 6个月后，警方在一片树林中发现了米莉·道勒的尸体。她被一名夜总会保安绑架并杀害。笔者注。

[2] 蔡斐．2011年新闻传播法研究综述［J］．国际新闻界，2012，34（1）：20.

[3] 沈正赋．西方新闻自由的理想王国与现实图景：从英国《世界新闻报》“窃听门”事件谈起［J］．当代传播，2011（5）：8.

[4] 赵月枝．“窃听门”与自由主义新闻体制的危机［J］．文化纵横，2011（5）：121.

[5] 姜飞．“窃听门”事件对世界传媒秩序的冲击［J］．红旗文稿，2011（15）：36.

人物的关系过于“亲密”；三是报业投诉委员会[1](PCC)缺乏效力；四是《1998年数据保护法》自身及其执行存在问题；等等。在此基础上，报告建议：一是依然设立自律性质的管制机构；二是通过议会立法形式确定新的管制机构将如何设立（立法中不涉及对媒体报道内容的规制）；三是若具体的报业组织不接受新成立的管制机构的约束，一旦其出现不良行为，将有可能被处以最高100万英镑赔偿的惩罚；四是建议修改民事诉讼法律，设立针对媒体侵权诉讼的免费仲裁程序。《2012年莱文森调查报告》出台后，其中的事实分析部分得到了各方政治势力的赞同和接受，而一些具体的对策、建议经过两次议会辩论后，最终以折中、妥协的方式付诸实现。这是英国妥协文化智慧的体现[2]，也是新闻自由、公共利益之间平衡的体现：第一，新的管制机构不是通过议会成文立法的形式设立，而是通过签署皇家特许状的形式设立[3]；第二，由于皇家特许状的内容本身不是政府意志的体现，报业还是立足自律机制，从而避免了政府干预报业的可能；第三，皇家特许状授予了新设立的管制机构一定的约束力、强制力，解决了之前PCC“没有牙齿”的问题[4]。

具体到报告文本，《2012年莱文森调查报告》第二部分“报业与公共利益”，既肯定了新闻自由的重要性（新闻自由本身是更广泛的公共

[1] 报业投诉委员会于1991年根据《1990年考尔卡特委员会报告》成立，虽然20多年来以处理公众投诉、进行调解等方式做了不少工作，但人们被《世界新闻报》丑闻激怒，进而指责PCC仅是一个没有强制执行力的协调组织，由于自身缺少独立于报业的内在机制，对于报业违反职业伦理、侵害公众利益和侵犯受害人的行径，难以发挥有效的预防和追责作用。PPC于2012年3月8日宣告解散。详见李丹林．“谁来监守守护者”?：论英国“窃听丑闻”发生后报刊业监管改革［J］．新闻记者，2013（5）：12－13．

[2] 李丹林．“谁来监守守护者”?：论英国“窃听丑闻”发生后报刊业监管改革［J］．新闻记者，2013（5）：15．

[3] 不以成文立法的形式设立新的管制机构，至少在名义上是出于保护新闻自由不受政治影响的考虑，而这也体现了公共利益。有趣的是，被视为封建时代阻碍新闻自由的特许出版制度正是通过签署皇家特许状的形式被确立下来的。笔者注。

[4] 李丹林．“谁来监守守护者”?：论英国“窃听丑闻”发生后报刊业监管改革［J］．新闻记者，2013（5）：15．

利益的一个方面)，又辨析了“个人自由与机构自由”的区别，承认“意见的自由市场”在受到一些外部因素的影响时，其促进知情辩论的能力会受到损害等[1]。这些论证为基于公共利益的监管提供了依据，进而要求“在法治范围内发挥新闻自由和法律的作用”。在第二部分第三章“相互竞争的公共利益”中，新闻自由与不同公共利益之间的平衡、协调问题也得到了详细的分析。这些公共利益包括（但不限于)：(1）公众整体对良好政治治理的利益，如国家安全、公共秩序和经济福利，法治、执法机构适当的独立性和问责制及司法救济，政府对政策制定和执行的民主问责制。(2）个人自决的公共利益，以及私人利益的保护和执行利益，如隐私权，包括《欧洲人权公约》第 8 条的一般规定和欧洲和各国关于保护个人数据的立法中的隐私权；保密、名誉保护、知识产权和其他产权；当个人的利益和权利与新闻界的利益和权利相冲突时，个人享有言论自由及接收和传递信息的权利。[2]

《2012 年莱文森调查报告》是如何对不同的公共利益进行平衡、协调的呢？其一，关于表达自由。由于大众传媒机构有能力增强和抑制个人的言论自由，当相互竞争的声音处于不平衡状态时，应当保护个人言论自由不受他人言论自由的限制。法律要对言论自由做出必要的限制(如法律不保护种族、宗教仇恨言论，不保护威胁、恐吓或骚扰言论)。同时，如果一方的言论自由威胁到另一方的核心自我表达和身份认同(如媒体针对妇女、少数民族的描述等)，由此形成的刻板印象将会限制后者的表达和发展，因而也应该被限制（但不属于审查制度或法律范畴)。其二，关于个人自治和公民自由。个人自主权表现为公众对个人

---

[1] The Right Honourable Lord Justice Leveson. An inquiry into the culture, practices and ethics of the press: volume Ⅰ [R/OL]. (2012 - 11 - 29) [2023 - 04 - 10]. https://assets.publishing.service.gov.uk/government/uploads/system/uploads/attachment_data/file/270939/0780_i.pdf.

[2] The Right Honourable Lord Justice Leveson. An inquiry into the culture, practices and ethics of the press: volume Ⅰ [R/OL]. (2012 - 11 - 29) [2023 - 04 - 10]. https://assets.publishing.service.gov.uk/government/uploads/system/uploads/attachment_data/file/270939/0780_i.pdf.

隐私利益的主张，所谓“一个人的家就是他的城堡”，在英国历史传统中具有显著的重要性。选择和控制个人领域的因素虽然是一项基本的公共利益，但也可能被用来违背公共利益，当两者发生冲突时，平衡的结果也只是对隐私的部分侵犯而非完全侵犯（这是法律所规定的）。对个人领域的侵犯必须始终与所服务的任何更大的公共利益相称。当一个人选择将个人领域的事情纳入公共领域时，他或她就放弃了对它某种程度的控制，做出这种放弃的选择正是个人自主权的体现，保护这一个人自主权是一种公共利益。[1] 其三，关于新闻自由与司法中的公共利益之间的关系。一方面，言论自由是公开司法（open justice）原则的组成部分，该原则包括媒体有权报道、公众有权获取与司法过程有关的信息。因此，任何针对媒体公开报道法庭审理的限制都必须被限制。另一方面，如果公布有关法庭审理的资料会损害个人获得公正审判的权利，则可能有必要对媒体报道进行限制。这不过是为了保护司法制度的完整性和保障个人获得公正审判的权利。其四，限制言论自由的首要条件是“在民主社会，为了国家安全、领土完整或公共安全的利益，为了防止混乱或犯罪所必需的”——这些都是独立的公共利益。[2]

[1] 在《2012年莱文森调查报告》中，这段话集中反映了隐私保护中的公共关系：“一个成功的演员可能很出名，因为他的电影被很多人观看。他可能确实希望和期待许多人继续观看他的作品。但这并不意味着他有一种病态的冲动去展示自己，或者让自己生活的方方面面被观察和记录。这也不意味着他达成了某种默认的合同协议，即他放弃了隐私权以换取名誉……而那些确实希望签订准合同协议、想要用隐私来交换名声的人，不应该被禁止这样做，但这并不意味着每个公众可能感兴趣的人都应该把他们的私人生活置于侵入和侵犯行为的风险之中。”详见 The Right Honourable Lord Justice Leveson. An inquiry into the culture, practices and ethics of the press: volume Ⅰ [R/OL]. (2012-11-19) [2023-04-10]. https://assets.publishing.service.gov.uk/government/uploads/system/uploads/attachment_data/file/270939/0780_i.pdf.

[2] The Right Honourable Lord Justice Leveson. An inquiry into the culture, practices and ethics of the press: volume Ⅰ [R/OL]. (2012-11-19) [2023-04-10]. https://assets.publishing.service.gov.uk/government/uploads/system/uploads/attachment_data/file/270939/0780_i.pdf.

# 第四章　当代英国传媒规制中的公共利益

## 第一节　传媒规制中公共利益的存在形式

基于前文对基本概念的辨析和历史阶段的梳理，本节就对本研究的主题“传媒规制中的公共利益”做简单的概括，以呈现英国传媒规制中的公共利益的主要存在形式。在这一主题中，公共利益名义上是传媒规制的目的，同时也为传媒规制提供了合法性、正当性依据，即传媒规制的目的就是实现那些关乎国家和人民的、关乎公共事务的重要的、普遍的和共同的福利、合法要求或权利。反过来说，这些福利、合法要求或权利全部体现在针对传媒制定和推行的政策、法规，以及财政或市场控制、从业者的专业实践和对公共服务的普遍信仰等其他形式的干预手段、影响因素中。纵观英国历史，传媒规制中的公共利益的内涵随着不同时代社会主要矛盾的变化而不断变化，总体上可以做出一种区分，即封建专制时代传媒规制（主要针对报刊书籍等出版物）中的公共利益是一种占统治地位的特权阶层维护自身统治秩序的利益，近现代传媒规制（针对报刊书籍、广播电视和其他新兴的传媒形态）中的公共利益主要是公民个人借由传媒实现的政治权利、经济权利在强大的公权力、市场压力面前不受粗暴干预和侵犯的利益。

按照英国传播学者丹尼斯·麦奎尔的界定，传媒规制中的公共利益包括“出版自由”“媒介所有权的多元化”“信息、观点和文化的多样性”“对公共秩序和国家安全的支持”“广泛的（近乎普遍的）覆盖范围”“公众可以获得的高质量的信息和文化”“对民主政治体系（公共空间的）的充分支持”“对个人和普遍人权的尊重”“避免对社会和个人造成伤害和侵犯”等[1]。但是，这种界定有特定的时代背景，不能全面反映英国传媒规制全部历史中的公共利益形态。笔者在前期研究的基础上进行了理论抽象分析，概括出“所有权—竞争”“司法—个人权利”“理念—价值观”三个层面，对前文的历史分期进行小结，并为后文的分析做铺垫。

## 一、所有权-竞争层面

传媒所有权中的公共利益问题并不难理解。政治经济学的一个基本原理是经济基础决定上层建筑，而英国的大众传媒自出现以来一直具有重要的经济属性，传媒机构、传媒输出渠道所有权的集中或分散被认为将导致它所生产的内容、观点呈现一致性或多样性，从而影响到公共利益。这解释了为什么封建专制时代的君王能够通过向出版商的联合体授予特权、成立特许出版公司的方式对其施加控制，尤其是限制那些包含不利于维护王权的内容出版，而获得特权的出版商也因获得了源源不断的垄断利益而与统治者形成默契，甚至主动“围剿”那些未被授予特权的、对其构成竞争威胁的出版商。这也解释了为什么20世纪的英国在建立了覆盖全国的、公共运营的英国广播公司的基础上，还要建立商业化运营的独立电视台、第四频道等来平衡前者在内容上的伦敦化、中心化倾向，以防损害公共利益。后者在最初的设计中就明确了地区化的架构。从理论上看，传媒所有权的集中一方面限制了作为公民的个人通过传媒充分了解公共事务的可能，另一方面也使得作为消费者的个人无法在一个充分竞争的市场上自由地选择自己所偏好的传媒产品。一个典型的例子是20世纪80年代默多克的传媒并购所面临的挑战——《1973年公平交易法》。根据该法案，一

[1] 麦奎尔．麦奎尔大众传播理论：第五版［M］．崔保国，李琨，译．北京：清华大学出版社，2010：135.

个主体同时拥有两家及以上的报纸可能形成垄断，必须接受审查，对其中可能涉及的公共利益做出评估。尽管后来默多克成功地绕过了审查，实现了并购，但这并不等于《1973 年公平交易法》中关涉公共利益的考虑就是无稽之谈，尤其是默多克后来频繁开动舆论机器，为他支持的政客宣传造势，甚至亲自撰写社论、修改新闻标题等，有选择性地忽略、删除不利于其观点的材料。这些都印证了传媒所有权的过度集中会对公共利益造成负面影响。但是，就像垄断经营的公有体制不必然保障公共利益一样，追逐利润的、相互竞争的市场主体也并不一定就指向公共利益，尤其是资本的逐利性促使其大量生产可以盈利的、同质化的内容产品，从而营造了虚假繁荣。比方说打开电视机后看到成百上千个频道播放的都是内容、形式大同小异的节目，你有何感想？为了纠正这一偏向，有必要采取前文提到的“偏好塑造型”规制，促使传媒机构不再纯粹以营利为唯一目标。此外，将一家上市传媒机构的股权分散化，或者交给专门的基金会管理等，大多是为了减少传媒所有权集中的消极影响，以服务公共利益。

## 二、司法-个人权利层面

英国传媒规制中的公共利益的内容并不是从抽象的原则、哲学思辨中推导出来的，而是从对传媒规制实践的梳理中，从对有关政策、法规文本的解读中探寻得出的。因此，作为判例法始祖的英国，其围绕传媒的司法活动中对公民权利保护的相关实践，以及在此过程中形成的相关文件是探寻传媒规制中的公共利益的重要途径。公共利益的概念有个人主义的渊源。公共是由无数个人形成的，公共利益是个人利益的集合，因此对公共利益的保护必须具体落实到对个人权利的保护上。离开了对个人权利的保护，公共利益就失去了基础。英国学者阿尔伯特·V. 戴雪表示，议论自由（表达自由）本质上是一种由个人享有的权利（表达权)，传媒所享有的权利并非特殊权利，而是由个人权利延伸而来的权利。[1] 在传媒规制中，公共利益所要保障的是个人借由传媒实现的知情权、表达权等政治权利，以及名誉权、隐私权等人格权利。比如，媒体对某一则新闻的报道是为了维护公民的知情权，但它可能会侵害其他人的名誉权、隐私权。这些关涉公共利益的权利之间并不是完全平行的，而是容易发生冲突的，需要参考一定的价值等级序列进行权衡，或者依照行政法意义上的合比例性原则进行裁量。正如《2012 年莱文森调查报告》所指出的，新闻自由中的公共利益与司法中的公共利益之间存在亟待平衡的关系。言论自由是公开司法原则的组成部分，任何针对媒体公开报道法庭审理的限制都必须被限制；同时，若公布有关法庭审理的资料会损害个人获得公正审判的权利，则可能有必要对媒体报道进行限制。归根到底，这些是为了保护司法制度的完整性和保障个人获得公正审判的权利——两者都是至关重要的公共利益。

## 三、理念-价值观层面

从理念—价值观层面看，英国传媒规制中的公共利益在不同的历史时期大致可划分为“维护国王利益”“保障公民利益”“满足消费者利益”三种类型。在封建专制时期，传媒规制的主要目的是为专制主义服务，传媒规制中的公共利益指的是国王的利益，主要体现在挑战罗马教廷、巩固和强化国家权力、维护统治秩序等方面。比如议会通过的《1534 年至尊法案》切断了英国与罗马教廷之间的联系，从而强化了英国世俗王权在管制印刷出版物等一切国内事务上的权力；又如“文字诽

[1] “议论的自由在英格兰中实不过是一种权利，任何人得用之以书写或谈论公私事务，但以 12 个店主人所组成之陪审团不至视作毁谤者为限。……而且直至最近时候，英吉利法律卒未尝承认新闻报纸有任何特别利益。譬如，同一议论，倘若载于片柬或写于信纸上者被法律视作毁谤或亵渎，刊于书上或报上仍受均等待遇。准此以观，比利时宪法所为；即给予报纸的编辑人、印刷人、或发行人以特别保护一事，实不啻承认此辈人物有特殊权利。此项法律精神适与英吉利法律所有通常理论恰相反对。专就这一点立论，即谓出版自由未被承认于英格兰亦不为过。”戴雪．英宪精义［M］．雷宾南，译．北京：中国法制出版社，2001：284－285．

谤案”的判决就明确把“社会的安宁与和平”作为将书面诽谤定为刑事犯罪的出发点和归宿。经过 17、18 世纪，到 19 世纪英国真正进入议会至上的法治、宪政时期，传媒规制的目的转变为为新闻自由、公共利益服务，这一时期传媒规制中的公共利益随之转变为公民个人借由传媒实现的政治权利（主要包括知情权、表达权等）在强大的公权力面前不受粗暴干预和侵犯的利益。在 20 世纪中后期经济领域滞胀现象的刺激下，新自由主义意识形态在英国社会中渐渐占据主导地位，国企“私有化”和“去管制”成为时代主题，传媒内容被视作和“烤面包机”差不多的商品，这样传媒规制的目的就转变为鼓励产业发展、满足消费者的多样化需求等。这一时期传媒规制中的公共利益更多表现为繁荣传媒市场、提供多样化的产品以满足消费者的需求并供其做出选择的利益。

这里必须指出的是，尽管特定时期的公共利益在理念—价值观层面自有其侧重、突出的方面，但这并不意味着同一时期公共利益不被侧重、突出的方面就不称为公共利益。比如，在强调传媒规制服务“公民-消费者”的时代，维护统治秩序（更多时候指的是维护国家安全和社会稳定）也是不可或缺的公共利益，比方说《1974 年防止恐怖主义（暂行规定）法》［*Prevention of Terrorism*（*Temporary Privisions*）*Act 1974*］、《1986 年公共秩序法》（*Public Order Act 1986*）和《1989 年官方机密法》（*Official Secrets Act 1989*）基于维护公共利益的目的限制传媒内容中涉及国家安全、军事机密、威胁公共秩序等方面的内容。又如，在传媒规制主要服务消费者的需要的时代，公共利益作为公民政治权利的方面也在一定程度上对传媒规制发挥了作用，比方说在“窃听门”事件发生之后，英国议会立即委派莱文森勋爵成立专业委员会对英国报业问题进行调查，并且根据调查报告的建议成立了以公共利益为目标的独立规制机构——“独立报业标准组织”（IPSO）。这些都说明公共利益的不同方面在不同的历史阶段都有所体现。

## 第二节 公共利益对传媒规制体系的影响

当我们谈论公共利益时，一方面要结合具体条件去探究它的内涵、外延（更多的是强调后者），比方说具体到当前传媒规制领域的公共利益，其大致包括“出版自由”“媒介所有权的多元化”“信息、观点和文化的多样性”“对公共秩序和国家安全的支持”“广泛的（近乎普遍的）覆盖范围”“公众可以获得的高质量的信息和文化”“对民主政治体系（公共空间的）的充分支持”“对个人和普遍人权的尊重”“避免对社会和个人造成伤害和侵犯”等；另一方面要考虑通过什么样的方法“确定”公共利益，这很自然地指向了“由谁来主张公共利益”“通过什么方式实现公共利益”的问题。由于公共利益为一切规制行为提供合法性、正当性的依据，因此一切传媒规制主体也就倾向于使用公共利益为自己的干预披上合法性、正当性的外衣。也就是说，传媒规制主体往往自身就是主张、保障和实现公共利益的主体，其规制行为的目标就是上述罗列的“出版自由”“媒介所有权的多元化”等关乎公共利益的具体主张，其规制的方式、机制也必须符合公共利益的要求。

在英国，每当出现新的传媒形态、传媒机构，或者当既有的传媒规制机构出现问题时，随之而来的就是与之相匹配的新的传媒规制机构、新的传媒规制文件，乃至由此形成新的传媒规制形式，它们的关系被学者形象地概括为“追赶远去的公车”[1]。下面就按印刷传媒、公共广播电视、网络内容分别梳理所对应的传媒规制主体及其职责在公共利益要求主导下的表现。

---

[1] 转引自费恩塔克．规制中的公共利益［M］．戴昕，译．北京：中国人民大学出版社，2014：127.

## 一、对传媒规制主体的影响

### （一）对印刷传媒规制主体的影响

根据前文的论述，所有权-竞争层面的公共利益意味着传媒所有权的分散将有助于意见、观点的多样性，司法-个人权利层面的公共利益又指向了属于公民自决范畴的隐私权保护等方面。对于印刷传媒来说，当并购变得普遍，少数报业托拉斯主导整个舆论环境时，通过立法设立规制主体，推动传媒所有权的分散、鼓励市场竞争和保证意见、观点的多样性就成为规制主体的主要目标。再者，当印刷传媒在市场竞争之下做出大规模侵犯公民隐私权的行为（如“窃听门”事件）时，通过立法设立规制主体以维护公共利益的诉求同样是非常强烈的。

在“新闻自由”最终确立之前，英国政府长期以来扮演着印刷传媒规制者（或者说“管制者”）的角色。然而，这种说法并不足以完全揭示两者之间的关系：对于传播业来说，政府代表公共利益的行为长久以来一直复杂难解，这主要是由在传播自由问题上国家与公民之间的模糊关系引起的。历史上，国家经常被视为个人言论自由的主要敌人，但同时国家也通过宪法和其他法律系统，在一些重要方面成为传播业实现自由的有效保证。随着知识税被废除，英国报业于 18 世纪逐渐摆脱政府的干预，在经历两次世界大战期间短暂的集中管制之后，终于迎来了行业自律的时代，先后出现了多个行业自律组织，包括 1953 年的“报业总评议会”（The General Council of the Press）、1991 年的“报业投诉委员会”(PCC)、2013 年的“独立报业监管组织”（Impress）和 2014 年的“独立报业标准组织”（IPSO），此外还有为英国报业制定历史上第一个得到普遍认可的行为准则的“编辑执业守则委员会”（Editors' Code of Practice Committee）。总的来说，这些行业自律组织的设立宗旨、工作原则、业务实践都是为了“维护公共利益”，下面就对“公共利益”如何影响这些规制机构做简单梳理。

第一，《1990 年考尔卡特委员会报告》就新闻侵犯隐私权等公共利益问题对新闻界提出严厉批评，认定报业总评议会没有能够履行其职责，并提议建立一个新的报业自律机构，由此 PCC 于 1991 年 1 月正式启动。同时由编辑执业守则委员会负责制定的《编辑执业守则》（*Editor's Code of Practice*）也从 1990 年开始起草，并在 1993 年获得 PCC 的批准后开始执行，其内容包括关于“准确性”“隐私”“骚扰”等在内的 17 项规定[1]，仅“公共利益”一项就罗列了“发现或揭露犯罪、犯罪威胁或严重不当行为”“保护公众健康或安全”“保护公众不被个人或组织的行为或陈述误导”“披露个人或组织未能或可能未能履行其所承担的任何义务”“披露司法不公”“提出或促成供公开辩论的事项，包括严重的不当行为、不道德行为或对公众的不称职行为”“披露对任何上述内容的隐瞒或可能隐瞒”[2]等要求，并指出“言论自由本身就是一种公共利益”“监管机构应该考虑相关材料已经进入公共领域或将进入公共领域的程度”“援引公共利益的编辑需要证明他们合理地相信出版或为出版而开展的新闻活动既服务公共利益，又与公共利益相称，并解释他们当时是如何做出这一决定的”“需要证明一种特殊的公共利益的存在，才能凌驾于 16 岁以下儿童的通常最高利益之上”。

第二，IPSO 成立于 2014 年 9 月 8 日，它取代了 PCC 成为英国目前报业最大的独立规制机构，但有关它地位的正当性和合法性也存在争议，这是因为一些人和相关公共利益组织认为 IPSO 并不符合报业皇家特许状中规定的“独立”和“有效”的报业自律监管机构的条件和要求。根据报业皇家特许状的规定，一个合法运行的报业自律监管机构应该通过“报业督察委员会”（Press Recognition Panel，PRP）的认证，而 IPSO 表明自己不会去申请 PRP 的认证[3]。但不变的是，作为独立

[1] 包括准确性、隐私、骚扰、陷入悲伤或震惊、报告自杀、儿童、儿童性侵案件、医院、报告犯罪、秘密手段和诡计、性侵受害者、歧视、财经新闻、秘密信息来源、向刑事审判中的证人付款、向罪犯付款、公共利益。笔者注。

[2] 详见独立报业标准组织官网：https：//www.pressassociation.com/ipso/。

[3] 李丹林．英国传媒发展报告［M］//王展鹏．英国发展报告：2015—2016．北京：社会科学文献出版社，2016：276.

规制机构的IPSO必须继续执行PCC时期的《编辑执业守则》，尽管总体来看IPSO比PCC拥有更广泛的权力，但是执行《编辑执业守则》的要求仍然是其工作的核心。

第三，2013年，Impress由言论自由的倡导者乔纳森·希伍德（Jonathan Heawood）组建，其目标是使该组织成为完全符合《2012年莱文森调查报告》中所提出的建议的机构，并且Impress已向PRP提交了认证申请，这正是Impress与IPSO的不同之处。但是，统计数据显示，直到目前，绝大多数新闻机构仍然是IPSO而非Impress的成员。Impress将自己定位成“数字时代报业的规制者”[1]，在高质量的新闻业面临前所未有的压力的情况下，为记者提供保护以支持他们的工作。正如表4-1所呈现的，Impress的职责包括制定先进的标准守则、为寻求补偿的公众设立直接的投诉处理机制、进行免费的仲裁以降低法律成本，以及通过低成本保险计划为出版商提供额外的保护。

**表4-1 英国印刷传媒规制主体的历史沿革**

| 时间 | 监管机构 | 监管职责 |
|---|---|---|
| 1953年 | 报业总评议会 | 制止新闻从业者违反职业道德 |
| 1991年 | 报业投诉委员会 | 与《编辑执业守则》的要求一致 |
| 2013年 | 独立报业监管组织 | 制定先进的标准守则；设立直接的投诉处理机制；免费仲裁；为出版商提供额外的保护[2] |
| 2014年 | 独立报业标准组织 | 与《编辑执业守则》的要求一致 |

### （二）对公共广播电视规制主体的影响

前文提到，广播电视的公共服务体制本身就是在公共利益的考虑下形成的，那么针对它的规制主体自然也要求能够代表公共利益。英国公

[1] 详见独立报业监管组织2017—2018年度报告：https：//www. impress. press/downloads/file/annual_report_2017 - 18. pdf。

[2] 详见独立报业监管组织2017—2018年度报告：https：//www. impress. press/downloads/file/annual_report_2017 - 18. pdf。

共广播电视的规制主体（表 4-2）经历了内政部（Home Office）邮政大臣，国家遗产部（Department of National Heritage），文化、媒体和体育部（Department for Culture, Media and Sport）[1]，通信办公室（Ofcom）的演变。首先是内政部邮政大臣。根据《1904 年无线电法》的规定，邮政总局的职权从对有线电话的管理扩展到对无线电的管理。1905 年，邮政总局颁发了第一个执照。其次是国家遗产部（1992—1997 年）。国家遗产部由梅杰政府于 1992 年成立，负责管理媒体，协调政府与媒体的关系。再次是文化、媒体和体育部（1997—2003 年）。它的前身是国家遗产部，由新工党于 1997 年更名而来，后因伦敦奥运会而短暂地改组为文化、奥林匹克、媒体和体育部（2010—2012 年）。它的职责是对广播电视事业的节目制作、播出和传输进行统一管理，负责制定广播电视政策、向 BBC 发放执照、任命商业广播电视机构成员、对特定广播电视进行控制等。最后是 Ofcom（2003 年至今）。正如前文提到的，《2003 年通信法》整合了原来独立电视委员会、广播标准委员会、电信办公室、无线电管理局、无线电通信局的职责，在此基础上成立了通信办公室，其主要职责包括咨询和制定政策法规、处理节目投诉、颁发执照等。Ofcom 自 2017 年 4 月 3 日起成为英国历史上第一个对 BBC 进行独立的外部规制的机构，它要求 BBC 对践行自身公共服务目的承担责任，而新的单一董事会将管理和运营 BBC。

**表 4-2　英国公共广播电视规制主体的历史沿革[2]**

| 时间 | 监管机构 | 监管职责 | 备注 |
|---|---|---|---|
| 1904 年 | 邮政大臣 | 颁发执照 | 隶属内政部 |
| 1992 年 | 国家遗产部 | 管理媒体；协调政府与媒体的关系 | — |

[1] 现为数字、文化、媒体和体育部（Department for Digital, Culture, Media and Sport, DCMS），简称数文媒体部。

[2] 黄春平．西方传媒内容监管机制的历史考察［M］．北京：社会科学文献出版社，2012：126．有改动。

续表

| 时间 | 监管机构 | 监管职责 | 备注 |
| --- | --- | --- | --- |
| 1997 年 | 文化、媒体和体育部 | 制定广播电视政策；向 BBC 发放执照；任命商业广播电视机构成员；对特定广播电视进行控制 | 贸易和工业部负责频谱资源监管，后来成立的通信办公室负责内容监管 |
| 2003 年 | 通信办公室 | 咨询、制定政策法规；处理节目投诉；颁发执照；制定相关的节目内容标准 | 分为三个层次进行监管：公共规制、共同规制、自主规制 |

在 Ofcom 的组织结构中，董事会下设的内容委员会负责对广播电视内容进行规制，主要考虑三个层次的内容规制问题：第一层次涉及伤害与冒犯、准确与公正、公平与隐私等负面内容规制问题；第二层次涉及独立电视节目、区域节目和欧盟/英国原创节目的配额这样的定量问题；第三层次涉及公共服务广播电视体系之下 Ofcom 对商业属性的独立电视台、第四频道和第五频道的特殊责任问题。

Ofcom 的职能大致包括制定节目内容标准、广告标准、节目赞助规定、公共广播电视的外制节目比例规定、原创节目比例规定，并受理对节目内容的投诉，对公共和商业广播电视机构的节目播出状况和实际效果进行定期评估，依据评估结论提出改进意见或建议，为建立新的制播体制和供求模式进行调研和论证等。[1] 这些职能都有一个共同的、服务“公共利益”的名义，即受众作为消费者或公民而接受高品质的广播电视节目，广播电视节目尽可能不受商业利益左右，广播电视节目迎合消费者或公民的国家-民族认同、保持创新和活力，等等。其中涉及广告方面的事务由 Ofcom 与广告标准局（ASA）共同负责，这是因为《2003 年通信法》赋予 Ofcom 维持广播电视广告标准的法定义务，并允许它在可行的情况下采取“其他形式的规制”，因此 Ofcom 在 2004 年与 ASA 建立了共同规制的合作伙伴关系。

[1] 转引自国家广播电影电视总局发展研究中心．国外广播影视体制比较研究［M］．北京：中国国际广播出版社，2007：75.

根据Ofcom发布的2018年度报告，Ofcom的总目标是“让通信服务每个人”(笔者以为，这是对“普遍服务”原则的另一种表达)。在此总目标下设三个长期目标，包括“确保标准，提高质量”“推动竞争，确保市场为消费者有效运作”“保护消费者免受伤害”[1]，而这三者之间是相互联系、相互促进的关系。提出这些目标的内在逻辑并不难理解。首先，“确保标准，提高质量”的目标是由公共服务广播电视的性质决定的，它是为公共利益服务而不是纯粹出于商业目的的广播电视，“公共服务广播电视带来许多显著的文化利益。它确保传媒的多样性和新闻的多元化，鼓励制作反映和审视更广泛社会的节目。它还发挥着重要的经济作用，特别是支持创意产业和独立生产部门”[2]。在这样的认识下，Ofcom力求通过定期审查指定的公共服务广播电视机构所提供的电视和广播服务，包括这些广播电视机构在节目上的花费，以及它们播放的不同类型的节目等，从而确保公共服务广播电视的质量。其次，市场有盲目逐利性，并不会自发地服务公共利益，尤其是在投入产出比的考虑下往往不会主动地投资大规模的基础设施，因此Ofcom的重要职责之一就是要促使相互竞争的运营商对超高速固定线路网络进行投资，促进固定线路服务之间的竞争，为公众和企业提供更好、更精细的信息，提高它们与市场互动的能力，确保公正和有效的竞争能够为广播电视受众带来一系列高质量和多样化的内容[3]。最后，Ofcom认为自己有责任保护消费者免受伤害，有责任“保护观众和听众，特别是那些不到18岁的观众和听众，免于受到来自电视和广播中有害或不适当内

---

[1] Ofcom. The Office of Communications Annual Report & Accounts: For the period 1 April 2017 to 31 March 2018 [R/OL]. (2018-07-12) [2023-04-25]. https://www.ofcom.org.uk/__data/assets/pdf_file/0012/115230/annual-report-1718-accessible.pdf.

[2] Ofcom. The Office of Communications Annual Report & Accounts: For the period 1 April 2017 to 31 March 2018 [R/OL]. (2018-07-12) [2023-04-25]. https://www.ofcom.org.uk/__data/assets/pdf_file/0012/115230/annual-report-1718-accessible.pdf.

[3] Ofcom. The Office of Communications Annual Report & Accounts: For the period 1 April 2017 to 31 March 2018 [R/OL]. (2018-07-12) [2023-04-25]. https://www.ofcom.org.uk/__data/assets/pdf_file/0012/115230/annual-report-1718-accessible.pdf.

容的伤害”[1]，其办法就是通过执行《广播电视守则》（*Broadcasting Code*）中的规定来追究广播电视机构的责任，并且通过受理市民对电视、广播和点播节目的投诉，定期监测电视和广播服务，以确保广播电视机构遵守它的规定。

**（三）对网络内容规制主体的影响**

当互联网被用于新闻和信息传播时，它就具备了传媒属性。在网络环境中，由于不存在与大众传媒时代一样的问题，尤其是不存在广播电视的“频谱资源稀缺性”问题，因此政府找不到对其进行规制的正当依据。所以，英国在网络内容方面的规制与过去相比并没有发生根本性的变化，而是根据内容种类和来源渠道的不同，以原有的方式“分而治之”。比如，属于“编辑性内容”（Editorial Content）[2]的和来自“平面媒体”（Print Media）[3]的，按照原来传媒机构所参与的自律监督机制（前文提到的 IPSO、Impress 等）进行行业自律或自我约束；来自广播电视的节目也按照原有方式进行规制，规制主体包括 Ofcom 等。属于“用户生成内容”（User Generated Content，UGC）[4]的，以各主体参与的自律、共治的方式进行规范和约束。

如前文所述，公共利益要求对网络内容的规范与净化必须以自律的

[1] Ofcom. The Office of Communications Annual Report & Accounts：For the period 1 April 2017 to 31 March 2018 [R/OL].（2018-07-12）[2023-04-25]. https：//www. ofcom. org. uk/__data/assets/pdf_file/0012/115230/annual-report-1718-accessible. pdf.

[2] 编辑性内容是指以印刷形式或在互联网上发表的，旨在提供信息、教育或娱乐的，而不是为了出售一些东西而制作的内容。编辑性内容被认为是商业内容或广告副本的对立面。尽管如此，两个不同的内容种类之间的界限并不总是泾渭分明的。详见 Clickworker 关于“Editorial Content”词条的解释：https：//www. clickworker. com/content-marketing-glossary/editorial-content/。

[3] 相对于电视、互联网等以多维度传递信息，报纸、杂志等以单一维度传递信息的传统媒体在媒体融合时代又被称为“平面媒体”。笔者注。

[4] 泛指网络用户在社交媒体和其他在线平台上发布的一切形式的内容，包括图像、视频、文本、音频等，它的出现建立在 Web 2.0 技术使网络交互的便利性大大提升的条件上，与专业机构生成的内容（Professional Generated Content，PGC）相比受到更少的限制，很少或没有受到“把关人”的约束。笔者注。

方式进行，主要由互联网行业自律机构来承担工作任务（表 4-3），包括互联网观察基金会（IWF）、互联网服务提供商协会（The Internet Services Providers' Association，ISPA）、独立移动设备分类委员会（Independent Mobile Classification Board，IMCB）、视频点播管理局（Authority for Television On Demand，ATVOD）等[1]。随着形势变化，英国先后出现了一批新的规制机构（或既有机构增设了新的监管职责）。其中，国家网络安全中心（National Cyber Security Centre，NCSC）出于应对恐怖主义威胁、维护国家安全的考虑而监听网络通信内容；Ofcom 针对网络有害内容的监管职责可能从“评估”转向“拥有发出警告、通知及处以巨额罚款的权力”；数字市场部（Digital Market Unit，DMU）与 ASA、英国广告商联合协会（The Incorporated Society of British Advertisers，ISBA）等机构密切合作，保护消费者免受“网红”发布的广告误导。公共利益影响着网络条件下对传媒内容的规范与净化，自律机构的干预活动从最初主要集中在“少儿不宜”内容方面，开始转向更大范围的有害内容、恐怖主义信息、广告误导信息等方面。

**表 4-3 英国网络内容规制主体的历史沿革**

| 时间 | 监管机构 | 监管职责 | 备注 |
|---|---|---|---|
| 1995 年 | 互联网服务提供商协会 | 促进互联网行业竞争、自我监管和进步 | — |
| 1996 年 | 互联网观察基金会 | 删除儿童性虐待的图像和视频 | — |
| 2004 年 | 独立移动设备分类委员会 | 限制对不适合 18 岁以下用户的商业内容的访问[2] | 该机构被英国电影分级委员会（British Board of Film Classification，BBFC）于 2013 年取代 |

[1] 李丹林，范丹丹．论英国网络安全保护和内容规制［J］．中国广播，2014（3）：51.

[2] BBFC. BBFC replaces the Independent Mobile Classification Board（IMCB）as the regulation framework provider for mobile internet content［EB/OL］.（2013－07－01）［2023－04－25］. http：//www.bbfc.co.uk/about-bbfc/media-centre/bbfc-replaces-independent-mobile-classification-board-imcb-regulation.

续表

| 时间 | 监管机构 | 监管职责 | 备注 |
| --- | --- | --- | --- |
| 2003 年 | 通信办公室 | 评估网络基础设施、域名、相应媒体内容并提交报告 | DCMS 大臣、内政大臣于 2020 年宣布计划指派 Ofcom 承担管理恐怖主义、儿童性剥削等有害内容的责任 |
| 2010 年 | 视频点播管理局 | 管理英国网站，确保含有成人内容的服务不被 18 岁以下的用户获取 | 该机构在视频点播方面的职能在 2015 年 12 月 31 日结束，该职能被转移给通信办公室 |
| 2016 年 | 国家网络安全中心 | 截取网络通信内容以获得情报，确保英国的国家安全 | 该中心隶属英国政府通信总部（Government Communications Headquarters，GCHQ），是英国三大情报和安全机构之一 |
| 2021 年 | 数字市场部 | 监管大型数字企业，鼓励市场竞争与创新，保护消费者和企业免受不当行为侵害 | 该部门隶属英国竞争与市场管理局（Competition and Markets Authority，CMA） |

正如前文提到的，在目前的网络环境中，针对专业媒体的规制方式和针对社交媒体的规制方式是不同的，前者依赖和专业媒体相对应的规制机构，如 IPSO、Impress、Ofcom 等，后者则主要要求相关主体采取自律的形式，尤其是在网民、用户上传的内容涉及公共事务、公共利益，产生较大社会影响的情况下。也就是说，社交媒体自身就是针对自己的规制主体。在 2017 年英国大选期间，为了避免社交媒体上泛滥的假新闻对大选产生负面影响，有议员向 Facebook 施压，要求其采取措施以减少可能的假新闻。为此，Facebook 在《每日电讯报》《卫报》《泰晤士报》等具有广泛影响力的大报上投放了公益广告，旨在教导人们识别和防范假新闻。这些广告列举了构成假新闻的十大标准，用户被告知要对他们阅读的头条新闻保持“怀疑”，特别是当它们包含“令人难以置信”“令人震惊”等字眼的时候，用户也应该注意 Facebook 和其合作伙伴给出的相关新闻真实性检查的结果，并尝试通过其他网站验证

他们正在阅读的故事。Facebook 英国政策总监西蒙·米尔纳（Simon Milner）在接受《金融时报》采访时表示："人们希望在 Facebook 上看到准确的信息，我们也是如此。这就是为什么我们正在尽一切努力解决假新闻的问题。为了帮助人们发现假新闻，我们向每个人提出了建议，并且告诉他们如何识别他们看到的东西是不是假的。"除了整页广告外，Facebook 还表示，它已删除成千上万个传播垃圾邮件和假新闻的假冒英国账户。[1] 同时，Facebook 与第三方事实核查机构合作，通过为传播假新闻贴标签的方式帮助用户进行识别。在英国，第三方事实核查机构主要是 Full Fact，下文会做详细介绍。

## 二、对传媒规制手段的影响

如前文所述，"公共利益"因素体现在英国传媒规制的一切手段之中，包括政策、法规，以及财政或市场控制、从业者的专业实践和对公共服务的普遍信仰等。其中，法规尤其是成文法律，更是传媒规制的重要组成部分，它受到"公共利益"更直接、更明显的影响。英国现有传媒方面的法律涉及相当广阔的社会领域。一方面是对传媒机构的管理、运行进行约束的法律。它们将传媒机构与一般性商业机构同等看待，比如《2002 年企业法》要求所有传媒机构每年公开其账目和运营状况，《1973 年公平交易法》限制了传媒业的垄断兼并，《1974 年职业健康与安全法》（*Health and Safety at Work etc. Act 1974*）对从业人员的工作时间做出了规定。另一方面是对传媒内容进行约束的法律。据不完全统计，这类法律大致可分为以下几种：与侵犯名誉权相关的法律，如《2013 年诽谤法》，该法的目的是保护公民个人的名誉权；与淫秽出版物相关的法律，如《1959 年淫秽出版物法》（*Obscene Publications Act 1959*），该法旨在避免淫秽出版物的出版、发行和流通，但是因对"淫

[1] VINCENT J. Facebook tells UK users how to spot fake news in full-page print ads [EB/OL]. (2017-05-08) [2023-04-25]. https://www.theverge.com/2017/5/8/15577174/facebook-fake-news-ad-warning-uk-papers.

秽”概念界定不清而限制了公民的部分表达权、知情权——这部法律于1991年覆盖到广播电视领域；与保护青少年相关的法律，如《1955年儿童和青少年（有害出版物）法》[*Children and Young Persons (Harmful Publications) Act 1955*]，该法主要涉及包含恐怖或其他可能对青少年产生危害的内容；与国家安全相关的法律，如《1989年官方机密法》《1974年防止恐怖主义（暂行规定）法》，前者主要涉及国家安全、军事行动方面，后者旨在管理有关北爱尔兰的信息发布和新闻报道；与社会秩序相关的法律，如《1986年公共秩序法》，该法禁止媒体发表任何可能引发种族仇恨和争端的内容；与司法活动相关的法律，如《1981年藐视法庭法》(*Contempt of Court Act 1981*)，该法禁止媒体发表与正在进行中的审判有关的内容，以避免出现偏见，维护审判过程和结果的公正；此外，还有《1984年录像制品法》(*Video Recordings Act 1984*)，该法限制了租借录像带的行为。

英国传媒规制中的公共利益的内涵除了反映在传媒法规的固定文本中外，也体现在传媒法规从修改讨论到最终出台的整个过程中。根据费恩塔克的研究，在《2003年通信法》从起草到正式出台的每个阶段，“公共利益”都被反复地讨论和重申：其一，《普特南报告》指出2000年政府白皮书中的“消费者”在2002年《通信法草案》中的相应表述变成了“客户”，这意味着在草案中消费者利益没有得到足够的重视，而这种认识偏差进一步导致了具体安排上的失当；其二，《普特南报告》批评2002年《通信法草案》没有将“公民利益”列入传媒监管本身的职责；其三，《普特南报告》指出2002年《通信法草案》中关于议会、政府需要履行的多达十五项的“一般职责”（公共利益要求）没有明确的等级排序，可能会导致决策的瘫痪。包括《普特南报告》在内的诸多文件所提出的关于公共利益的建议部分被吸纳并最终体现在《2003年通信法》中。[1]

[1] 费恩塔克．规制中的公共利益［M］．戴昕，译．北京：中国人民大学出版社，2014：139.

## 三、对传媒规制机制的影响

公共利益既为各种形式的传媒规制行为赋予正当性、合法性依据，又对不同类型的传媒的规制机制提出各不相同的安排。总体来看，英国在规制不同类型的传媒时分别采用自我规制（或称“行业自律”）、外部规制（或称“法定规制”）和共同规制（或称“共治”）三种方式，此外还包括 BBC 自成体系的规制机制。

首先，出于新闻自由的传统，针对报刊媒体的规制，采用“自我规制”的方式进行。报刊机构与相对应的行业自律机构——包括 IPSO、Impress 等——签订合同，加入其规制体系，依据合同确立的权利义务关系来对自身行为进行约束，而一旦报刊机构的成员违背合同约定——具体来说就是《编辑执业守则》的要求，行业自律机构就被赋予近似于法院的权力来做出仲裁，采取补救措施或进行处罚，从而形成了一套相对于一般司法程序成本更低、效率更高的处理涉及媒体的法律争议的流程。

其次，针对广播电视媒体的规制，在公共服务体制的大框架下，进一步按照内容标准严格地区分为所谓“编辑性内容”[1]和“广告”，由法定规制机构 Ofcom 和行业自律机构 ATVOD、ASA 进行共同规制：针对“编辑性内容”采用法定规制模式，由 Ofcom 依据《广播电视守则》（*TV and Radio Broadcasting Codes*）调整广播电视的节目标准、维持公平和公正、保护隐私等；涉及广告方面的规制则交给行业自律机构 ASA 负责，作为广告实践委员会（Committee of Advertising Practice，CAP）的姊妹组织，其任务就是确保媒体广告遵守 CAP 所制

[1] 从字面上看，编辑性内容有四个层次的意义：首先是指属于或关于编辑行为、编辑者的内容，其次是指属于或关于在社论中表达的内容，再次是指属于或关于一个出版物中的非商业方面的内容，最后是专指在报纸等媒体上表达编辑或出版人观点的文章。笔者以为，结合上下文语境，当“编辑性内容”与“广告”同时出现时，它的意义是作为“广告”的对立面呈现的，即出版物中非商业方面的内容。详见 Reverso Dictionary 关于“editorial”词条的解释：https：//dictionary. reverso. net/english-definition/editorial+content。

定和修订的广告行为规范——《广告守则》(*Advertising Codes*)。

最后，尽管基于互联网的媒体融合已是不可逆转的趋势，但针对网络内容的规制，总体上仍然延续了传统媒体环境中的规制方式：一方面，针对来自平面媒体的编辑性内容，按照与之签订合同的行业自律机构的要求进行“自我规制”；另一方面，针对来自广播电视媒体的节目，按照上一段提到的方式进行“共同规制”。针对越来越多的网络广告，英国成立了网络标准行业联合委员会（Joint Industry Committee for Web Standards，JICWEBS），CAP 和 ASA 也开始在这方面有所作为。值得一提的是互联网上的原生内容，即“用户生成内容”（UGC），针对 UGC 的规制，主要是沿用既有的法律，或者进行一些补充立法，采用一种多方参与、共同治理的方式进行规范，涉及的主体有网络服务提供商、行业自律机构，前者主要是指 Google、Facebook、Twitter 等社交媒体平台，后者主要是指 IWF，此外还有 ISPA、BBFC、ATVOD 等[1]，而规范的重点在限制暴力和淫秽内容等方面，以维护儿童和青少年健康成长的公共利益。

## 第三节 公共利益对不同传媒内容的要求

传媒机构通过其生产和传播的内容影响公民和消费者。在这一层意义上，公共利益表现为针对传媒内容标准的具体要求。根据传媒内容的不同类型，公共利益相应地表现为不同要求：它要求新闻真实、客观、公正等，以维护公民的基本权利，乃至整个民主社会的正常运行；它要求广告不得具有误导性、不得呈现刻板印象等，以维护消费者的知情选择、公平交易、人格尊严等权利，并为传媒机构增强竞争力提供经济支撑；它要求淫秽色情内容不得危害儿童和青少年的健康成长、不得破坏蕴含在作品中的学术价值和艺术价值等，以维护表达自由。

[1] 李丹林，范丹丹．论英国网络安全保护和内容规制 [J]. 中国广播，2014 (3)：51.

## 一、对新闻的要求

新闻是所有传媒内容中最为特殊、最为复杂的一个种类，因为它在宏观层面涉及整个民主社会的正常运行，在中观层面涉及公民的表达权、知情权等政治权利……所有这些都指向了新闻自由，而新闻自由本身即具有公共利益。公共利益属性是新闻产品或准产品的最紧要的品质，或者可以说公共利益就是最根本的新闻性。[1]

### （一）不同传媒形态下公共利益对新闻内容的要求

在报纸时代，大众传媒所享有的自由是“街头发言者”式的自由，是公民个人自由的延伸和扩展，因此大众传媒被认为是没有额外利益诉求的，不应得到特殊对待。在实践层面，大众传媒通过新闻专业主义的报道原则、操作规范及“把关人”机制来实现自我约束，此外还有来自诽谤法方面的约束（目前主要涉及公民个人的名誉侵权等私法范畴）。而是否构成“诽谤”则交由法院来判断。前文提到的“雷诺兹诉《泰晤士报》案”中确定的“雷诺兹特权”和《2013 年诽谤法》中确立的“公共利益抗辩”，为涉及公共利益的新闻报道争取了更大的空间，使之更不容易受到诽谤方面的指控。

随着广播、电视媒介的出现，针对新闻内容的规制开始注意媒介因素的影响，包括频谱资源稀缺性在内的诸多因素使广播电视机构面临更多限制，“公共利益”成为进行干预和限制的合法性依据。比如，BBC 有一套针对自身的规制机制，尤其是在它始终坚持的宗旨“告知、教育与娱乐”中，“告知”即不加入主观评价的纯粹的信息内容的告知，既保障了公民的表达权和知情权，又对不断发展的“新闻”概念本身起到了重要的形塑作用。又如，为了更有效地规制广播电视机构的新闻内容，英国政府于 2003 年成立了 Ofcom，自 2017 年 4 月 3 日起生效的《广播电视守则》的第 5 节中规定了适用于一切形式的新闻的公共利益

[1] 杨保军，雒有谋．新闻学视野中的公共利益［J］．新闻记者，2013（3）：34.

要求，即“适当的公正性和适当的准确性”（due impartiality and due accuracy）。“适当的公正性”并不意味着必须平等地分配时间给每个观点[1]，或者必须表达每个论点和每个论点的每个方面。“适当的公正性”的方法可以根据主题的性质、节目和频道的类型、观众对内容的可能期望等要素而变化[2]。“适当的准确性”则要求新闻中的重大错误通常应该在播出时快速地予以确认和纠正、不歪曲事实和观点等。具体来看，首先，Ofcom 对政治家在新闻节目中扮演的角色做了限制，以防新闻节目的公正性遭到破坏：“在任何新闻节目中，任何政治家都不得被用作新闻播报员、采访者或记者，除非在特殊情况下，它在编辑上是合理的。在这种情况下，必须向听众表明此人的政治忠诚。”[3]其次，Ofcom 规定记者或主持人的任何个人利益，如果会使节目的公正性受到质疑，都必须向听众说明，同时允许主持人和记者[4]发表个人观点，但是“必须在节目中或作为整体的一系列节目中充分反映不同的观点”[5]。最后，在涉及政治或行业争议的事项及与现行公共政策有关的事项上，Ofcom 要求一方面对与上述事项直接相关的人的观点和意见的表达进行限制，另一方面覆盖与这些事项相关的、“适当广泛”的重要观点和意见，给予每种观点和意见应有的重视，不过度突出其中任何一种观点和意见。

到了网络时代，表达的主体更为多元，表达的手段更为多样。针对传媒内容的规制，除了涉及政府部门及独立规制机构外，还有互联网企业、互联网用户、传统媒体、行业协会、公民组织等，它们出于公共利益、行

[1] 不同于报纸、杂志的空间向度（以版面为单位分配资源），广播、电视都是时间向度（以分秒为单位分配资源）上的媒体。与 Ofcom 此项要求形成鲜明对照的是，美国联邦通信委员会之前在对广播电视媒体施加的公共利益规则中突出面向政治候选人的“平等机会”原则，就是要为所有候选人提供相等的广播时长，以保障所有观点都有相同的表达机会，以实现对公平的要求。笔者注。

[2] The Ofcom Broadcasting Code：Section five.

[3] The Ofcom Broadcasting Code：Section five.

[4] 新闻节目的主持人和记者除外。笔者注。

[5] The Ofcom Broadcasting Code：Section five.

业利益和个人利益的考虑，做出取舍和妥协，尤其是互联网服务提供商在传媒内容规制方面具有重要作用。就全球最大的社交媒体平台 Facebook 来说，它在自己的“服务条款”中对“隐私”“分享内容和信息”“保护他人权利”等问题做了说明。具体到处理违规内容的问题上，Facebook 以“社群守则”的形式向用户提出了行为标准，介绍了它将如何防控“真实的人身伤害风险或对公共安全的直接威胁”、如何鼓励“礼貌行为”等事项，进一步提供了用户如何举报违背社群守则行为的具体做法。

2017 年 5 月，英国下议院内政事务委员会发布了一份关于网络虐待、仇恨和极端主义的报告，通过大量证据证明 Twitter、Facebook、YouTube 等社交媒体平台正在被用来传播虐待、仇恨和极端主义。报告指出：“这种趋势[1]继续以惊人的速度蔓延，但仍然没有受到控制，即使是在已经触犯法律的情况下。”[2]然而，在虐待、仇恨和极端主义问题上，Twitter 免去了自己在内容管理方面的责任：“您使用服务的风险由您自行承担……在法律允许的范围内，我们不对您或他人承担任何保证、责任和义务。您可能会接触到其他用户发布的令人反感或有害的内容。”Facebook 向用户提出了一些行为标准，但在面对内容争议时，它是免责的，不具备任何强制力：“我们不控制或操纵用户和其他人的言行，也不对他们的行为（无论是线上还是线下行为）及分享的任何内容（包括冒犯性、不雅、淫秽、非法内容和其他不良内容）负责。”

由此不难发现，仅仅依靠互联网服务提供商自身的治理是难以对网络上的新闻内容进行有效规制的，更有效的方案是与第三方事实核查机构合作，以更好地维护公共利益。

### （二）第三方事实核查机构的工作机制

从操作层面看，新闻产品的选择和组织以公共利益为指向。“事实”

[1] 利用社交媒体平台传播虐待、仇恨和极端主义等言论的行为。笔者注。

[2] House of Commons Home Affairs Committee. Hate crime: abuse, hate and extremism online: Fourteenth Report of Session 2016 - 2017 [EB/OL]. (2017 - 05 - 01) [2023 - 05 - 20]. https://publications.parliament.uk/pa/cm201617/cmselect/cmhaff/609/609.pdf.

在确定言论边界、保障公共利益问题上是一个最基本的也是不言自明的尺度：必须尊重“事实”，罔顾“事实”的言论不在言论自由保护的范围内，违背了公共利益的要求，比如《编辑执业守则》中关于公共利益的要求之一就是公众不被个人或组织的错误陈述误导。言论一旦超越法律规定的“事实”界限，就必须承担相应的法律责任，比如《国际人权公约》和《欧洲人权公约》都提到了要“尊重他人的权利和名誉”，这就等于限制了通过捏造和散布虚构的“事实”来损害他人人格和破坏他人名誉的诽谤行为。针对普通公民的表达尚且需要提倡“事实”标准，那么针对影响更广泛、意义更重大的政治言论是不是应该更加重视“事实”的依据呢？所谓“第三方事实核查机构”，就是为了寻找、查证“事实”而存在的。在 Facebook 推出的事实核查业务中，Full Fact 被选中，成为英国第一家审查和评估社交网络内容准确性的第三方机构，它由迈克尔·塞缪尔（Michael Samuel）领导的跨党派受托人于 2010 年发起成立，其创始成员来自社会的各个方面，具体如表 4-4 所示。

**表 4-4 Full Fact 创始成员情况**[1]

| 成员 | 职业 |
|---|---|
| 迈克尔·塞缪尔（Michael Samuel） | 商人、安娜·弗洛伊德中心主席 |
| 彼得·阿切尔（Peter Archer） | 工党成员、前副检察长、镜报集团前监察员 |
| 朱莉娅·纽伯格（Julia Neuberger） | 自由民主党成员、医疗保健专家、伦理学家、英国第二位女性拉比 |
| 约翰·劳埃德（John Lloyd） | 牛津大学路透新闻研究所创始成员、《新政治家》前编辑、《金融时报》特约编辑 |
| 珍·辛顿（Jean Seaton） | BBC 官方历史学家、威斯敏斯特大学媒介史教授 |

[1] Full Fact. Frequently asked questions [EB/OL]. [2023-05-20]. https://fullfact.org/about/frequently-asked-questions/#history.

在资金方面，Full Fact 最初受两笔捐款的资助，一笔来自创始成员迈克尔·塞缪尔，另一笔来自约瑟夫·朗特里慈善信托基金（Joseph Rowntree Charitable Trust）的“权力与问责”拨款计划。迈克尔·塞缪尔是保守派的捐助者，而约瑟夫·朗特里慈善信托基金将自己描述为“试图解决冲突和不公正的根源”——这样的资金来源保证了其核查工作的相对独立性。2022 年 Full Fact 资金来源、数额及用途情况如表 4-5 所示。

**表 4-5　2022 年 Full Fact 资金来源、数额及用途情况**[1]

| 资金来源 | 资金数额/英镑 | 资金用途 |
|---|---|---|
| 谷歌基金会（Google. org） | 285 128.45 | Full Fact 人工智能 |
| 谷歌人工智能正面影响挑战项目（Google AI for Good Impact Challenge） | 198 690.84 | Full Fact 人工智能 |
| 数千名个体捐助者和捐赠援助 | 374 064.32 | 核心资金 |
| 脸书（Facebook） | 290 775.69 | 第三方事实核查项目 |
| 莫恩和韦斯特莱克基金会（Mohn Westlake Foundation） | 275 000.00 | 核心资金 |
| Luminate | 147 592.76 | 核心资金 |
| 纳菲尔德基金会（Nuffield Foundation） | 100 000.00 | 事实核查和年度报告 |
| WhatsApp | 84 834.23 | WhatsApp 的事实核查服务 |
| 柏基投资管理公司（Baillie Gifford） | 50 000.00 | 核心资金 |
| 约翰·埃勒曼基金会（John Ellerman Foundation） | 50 000.00 | 核心资金 |
| 约瑟夫·朗特里慈善信托基金（Joseph Rowntree Charitable Trust） | 50 000.00 | 核心资金 |
| 皮尔斯基金会（Pears Foundation） | 50 000.00 | 核心资金 |

[1] 详见 Full Fact 官网：https：//fullfact. org/。

续表

| 资金来源 | 资金数额/英镑 | 资金用途 |
|---|---|---|
| 艾斯密·费尔贝恩基金会（Esmée Fairbairn Foundation） | 46 667.00 | 核心资金 |
| 牛顿和罗谢尔·贝克尔慈善信托基金（Newton and Rochelle Becker Charitable Trust） | 40 803.34 | Full Fact 人工智能 |
| 达尔弗顿信托基金（The Dulverton Trust） | 35 000.00 | 核心资金 |
| 欧洲媒体和信息基金（European Media and Information Fund） | 31 208.29 | 健康事实核查-临床错消息 |
| 加菲尔德·韦斯顿基金会（Garfield Weston Foundation） | 30 000.00 | 核心资金 |
| 吉尔基金会（Gill Family Foundation） | 30 000.00 | 核心资金 |
| Full Fact 培训销售收入 | 29 150.50 | 核心资金 |
| 威廉·德·温顿（William de Winton） | 10 000.00 | 核心资金 |
| 廷斯利慈善信托基金（Tinsley Charitable Trust） | 10 000.00 | 核心资金 |
| 国际事实核查网络 & 美国国家民主基金会（International Fact Checking Network & National Endowment for Democracy） | 8 083.66 | 事实核查者共同工作研究项目（Fact-Checkers Working Together Research Program） |
| Full Fact 人工智能销售收入 | 6 000.00 | 核心资金 |
| 彼得·库珀（Peter Cooper） | 5 036.00 | 核心资金 |
| 塞西尔·皮尔金顿慈善信托基金（Cecil Pilkington Charitable Trust） | 5 000.00 | 核心资金 |
| 埃文·科尼什基金会（Evan Cornish Foundation） | 5 000.00 | 政策：《在线安全法案》（Policy: *Online Safety Bill*） |

从工作原理上看，作为英国独立的第三方事实核查机构，Full Fact

与 Snopes[1]、PolitiFact[2]、Fact Checker[3]等源自美国的同行一样，从确定待核查的选题开始，接着寻找有关方面权威、可靠的资料来源，再对照自身的分级标准进行细化处理，就事实核查的结果形成研究报告，最后根据反馈做出更正。考虑到事实本身的复杂性，Full Fact 通过为待核查的"说法"(claim) 贴上标签的方式，在"非黑即白"的简单判断中加入了处于两者之间的、衡量灰色区域的标准和尺度，将对事实下判断的最终决定权交到读者手中。为了保障自身工作的中立性，Full Fact 根据自身董事会的建议，以 BBC 的实际案例为基础，在组织的人、财、物各层面采取严格的保障措施。这些措施包括组建跨党派董事会、保障筹款、实施利益冲突政策、限制员工的政治活动、完善反馈流程、制定操作指南、实施外部审查等，其中最重要的是精心选择、招募对特定问题高度敏感的员工。

2018 年 7 月 23 日，Full Fact 发布了一份针对在社交媒体上广泛流传的"说法"的事实核查报告，该"说法"大致认为"脱欧后英国与欧盟的贸易协议将导致国内生产总值（GDP）下降 2%～8%"[4]，而 Full Fact 的基本判断是"这是基于政府对三项假设交易的分析，这些交易明显不能用作经济预测且非常不确定。根据分析，在每种情况下，GDP 在未来 15 年将继续增长，但比预算责任办公室（OBR）现有的预测要慢得多"[5]。具

[1] Snopes 是由大卫·麦克尔森（David Mikkelson）于 1994 年建立的，旨在调查各种各样的都市传说、恶作剧和民间传说(urban legends，hoaxes and folklore)，此后逐渐发展成互联网上历史最久的、规模最大的事实核查网站。笔者注。

[2] PolitiFact 是由《坦帕湾时报》(一家佛罗里达州的独立报纸）的编辑和记者运营的事实核查网站，对当选官员和其他在美国政治中发言的人的言论的准确性进行分级。笔者注。

[3] Fact Checker 是由《华盛顿邮报》于 2007 年 9 月 19 日开办的，作为 2008 年总统竞选期间的一个特色专栏，旨在寻找政治人物重要言论的真相。它在 2011 年 1 月 11 日被再度推出，并被确立为永久性的特色栏目。笔者注。

[4] Full Fact. This viral image showing the cost of different Brexit deals is wrong in a lot of ways [EB/OL]. (2018－07－23) [2023－05－20]. https://fullfact.org/europe/viral-image-brexit-costs-wrong.

[5] Full Fact. This viral image showing the cost of different Brexit deals is wrong in a lot of ways [EB/OL]. (2018－07－23) [2023－05－20]. https://fullfact.org/europe/viral-image-brexit-costs-wrong.

体来看，该“说法”是建立在 2018 年 1 月的政府分析基础上的，其中包括与欧盟有关的三种可能的英国脱欧贸易情景（这三种可能的交易都没有政府最近就此发表的白皮书那么详细）。该分析以图表的形式比较了每项交易可能对经济产生的影响。然而，Full Fact 指出对该图表的分析报告“极具误导性”：“首先，政府报告明确指出它基于假设模型，不应被用于对每项交易进行经济预测。这意味着它不能像图表那样被用来估计未来 GDP 的规模或就业岗位的数量。其次，即使我们忽略了这一点，图表报告的大多数数字仍然是不正确的。GDP 数据大致准确，但措辞可能令人困惑——政府分析仍然预计 GDP 在每种情况下都会增长，只是速度会更慢。因此，在‘无协议脱欧’的情况下，‘GDP 下降 8%’意味着 GDP 在未来 15 年仍将增长，但比 OBR 最近的经济预测要慢得多。‘每年减少’的数字是错误的，因为它们指的是经济增长在 15 年内可能减少的幅度，而不是每年。而且，无论是在政府分析还是更广泛的研究中，都没有为预估的失业人数提供支持的证据。”[1]

包括 Full Fact 在内的第三方事实核查机构所开展的工作回应了备受“后真相”困扰的新闻界，它们正努力为网络言论表达的界限重新树立一个“事实”的尺度，使之能够服务公共利益。据统计，在英国脱欧公投的过程中，Full Fact 一共发布了 185 份事实核查简报及 25 个视频，其成果体现在《金融时报》《星期日镜报》《每日电讯报》等印刷出版物上，体现在独立电视台的《早安英国》、天空电视台的《天空新闻》等电视节目中，还体现在维基百科有关欧洲问题的相关词条中。Full Fact 的工作得到了一些机构的认可，比如 Facebook 公司培训和新闻扫盲经理莎拉·布朗（Sarah Brown）指出：“人们不希望在 Facebook 上看到假新闻，我们也不希望。我们很高兴与一个有着良好信誉、受到尊重的组织合作，因为 Full Fact 确实在努力解决社交网络中的假新闻问题。

[1] Full Fact. This viral image showing the cost of different Brexit deals is wrong in a lot of ways [EB/OL]. (2018 - 07 - 23) [2023 - 05 - 20]. https://fullfact.org/europe/viral-image-brexit-costs-wrong.

通过将技术与我们的事实核查合作伙伴的专业知识相结合，我们不断努力减少错误信息在我们平台上的传播。”[1]BBC 专题辩论节目《提问时间》(*Question Time*) 的主持人大卫·丁布尔比 (David Dimbleby) 同样给予 Full Fact 高度评价：“Full Fact 是一家擅长核查政客和媒体言论的专业组织。所以委员会最好小心点。也许我们应该让 Full Fact 一直工作下去?”[2]

从宏观层面看，新闻业作为“第四权力”的职责是监督政府，作为“公共领域”的价值在于保障公众的知情权、表达权，必须在新闻自由的保障下，为人们准确地认识外部世界的变化和关于自身的处境提供可靠依据，从而维持整个民主社会的运行——这正是公共利益的根本要求。从这个意义上看，第三方事实核查机构的工作无非就是在“后真相”时代延续新闻专业主义的传统，通过准确还原事实来实现重建民主生活的目标，而不完全是由民间对政客、主流媒体的不信任推动的。同时，第三方事实核查机构的工作诉诸公众的理性，始终保持开放的态度：它们鼓励用户参与它们的工作，在报告中留有足够多“更正和检查”的空间和途径，更标注清楚全部参考资料的来源。

然而，随着事实核查工作的广泛开展，第三方事实核查机构自身存在的一些弊端也逐渐显现。这些弊端主要集中在方法、技术、商业模式等方面。首先，事实核查的方法有将复杂问题简单化的倾向，常常在判断真假、对错的事实核查框架中处理属于价值判断、学理讨论层面的问题；其次，事实核查目前主要采用的是一种先依赖技术进行初步筛选，然后再交由事实核查机构人工核查的“半人工化”方法，这就导致了事实核查的范围是有限的，事实核查的效率是落后于自动化编造假新闻技术的；最后，考虑到目前吸引流量仍然是社交媒体平台的主要盈利模

[1] HERN A. Facebook rolls out fact-checking operation in UK [EB/OL]. (2019-01-11) [2023-05-20]. https://www.theguardian.com/technology/2019/jan/11/facebook-rolls-out-fact-checking-operation-to-uk.

[2] 详见 Full Fact 官网关于“公正性”的页面：https://fullfact.org/about/impartiality/。

式，而“光怪陆离的虚假新闻恰恰是吸引流量的利器”[1]，这样一来，社交媒体平台就在根源上面临着“商业逻辑和新闻逻辑的冲突”“商业利益与公众利益的矛盾”[2]。尽管目前存在着诸多问题，然而并不能因此否定第三方事实核查机构的价值。“事实”的重要性不必多说，作为“事实”核查者、提供者的第三方事实核查机构，它为人们理性地判断表达自由是否超越界限提供了可信的参考依据，某种程度上甚至还能避免公权力部门介入调查、审理造成的资源浪费和低效率。当前，第三方事实核查机构正根据批评意见，对自身存在的问题持续地做出重要调整，以更好地投入业务实践中。[3]

## 二、对广告的要求

英国目前是欧洲最大的广告市场，也是全球领先的广告市场之一。每年各大品牌和公司会花费数十亿英镑进行促销，以提高自身的知名度、竞争地位并推动销售。2022 年，英国广告支出达到 350 亿英镑，在广告业于 2020 年受新冠病毒感染疫情影响而陷入低迷之后，连续第二年实现健康增长。然而，一场数字革命正在席卷英国的广告界，不同渠道、形式的发展状况并不完全一致。[4] 对于传媒机构来说，广告产生的经济收益为传媒机构的持续运营、生产提供支撑，是传媒机构为受众提供更多优质内容的保障。广告包括商业性广告、公益性广告等不同形式。

广告与公共利益的关系可以从不同维度理解：其一，广告本身是直接面向“消费者”的传媒内容，其传播方式、传播对象从根本上决定了它必

[1] 李希光，吴艳梅．“后真相”时代的事实核查新闻：发展与局限［J]．全球传媒学刊，2018，5（2）：59.

[2] 李希光，吴艳梅．“后真相”时代的事实核查新闻：发展与局限［J]．全球传媒学刊，2018，5（2）：59.

[3] 李丹林，曹然．以事实为尺度：网络言论自由的界限与第三方事实核查［J]．南京师大学报（社会科学版），2018（4）：51.

[4] Statista. Advertising in the United Kingdom（UK）-statistics & facts［EB/OL］.（2023-08-30）［2023-09-20］. https：//www. statista. com/topics/1747/advertising-in-the-united-kingdom/#topicOverview.

须被有效地规制，从而更好地服务消费者的知情权、选择权等公共利益；其二，广告和付费订阅、执照许可等形式一样，都是传媒机构实现盈利的重要形式，以市场的方式保障了高质量内容的持续生产，因而也间接地服务公共利益；其三，在商业性广告之外，公益性广告通过引起公众关注一项社会议题，影响公众的态度，刺激公众的行动，从而达到维护公共利益的总体性目标。在英国，这种公益性广告又被称为“公共服务声明”（public service announcement）或“公共信息电影”（public information film）。[1]

目前，英国针对广告的规制机构包括广告实践委员会（CAP）和广告标准局（ASA），前者成立于 1961 年，并起草了《英国广告实务守则》（*British Code of Advertising Practice*）；后者成立于 1962 年，主要职责是就广告违反新规范的投诉进行裁决。CAP 和 ASA 对广告的规制包括“自我规制”和“共同规制”两种方式。其中，自我规制是指广告业自发建立的为其规制活动提供资金支持的规制方式；共同规制是指 ASA 按照 Ofcom 的合同对电视和广播广告的内容进行规范的规制方式。按传媒形态划分，针对非广播广告的规制，主要采用自我规制的方式，由此激发广告企业的社会责任感，促使其维持消费者对广告的信心，并在行业之中营造一种相对公平的竞争环境[2]，更能为广告客户降低潜在的法律风险所带来的规制成本。ASA 作为独立的规制机构，负责按照非广播广告守则的要求对投诉进行调查，研究是否应该对广告做出改变或撤销的裁决。针对广播广告的规制，则采用共同规制的方式：2004 年 11 月，ASA 承接了规制英国广播广告的部分职责，在此之前，广播广告由 Ofcom 全权负责。一方面，Ofcom 目前仍然负有维护广播广告标准的总体法律责任。另一方面，广播广告实践委员会（Broadcast Committee of Advertising Practice，BCAP）负责编写和维护《英国广播广告守则》（*UK Code of Broadcast Advertising*，以下简称《守则》），但 Ofcom 保留对《守则》的重大变更进行签署的权力；ASA 负责日常管理广播广告的内容，并应用《守则》，但在必要时它可以将广播公

[1] 如无特殊说明，本研究主要关注的广告类型是一般性商业广告。笔者注。

[2] 主要目的是防止规制俘虏现象的发生。笔者注。

司转介给 Ofcom 来采取进一步的行动——这就是所谓“共同规制”的模式。随着在线广告越来越重要，2011 年 3 月，CAP 将《守则》的适用范围进一步扩大，覆盖到商业公司在其官方网站上发布内容等活动[1]。2017 年 3 月，CAP 发布了与社交媒体上的红人（influencers）进行合作的新指南，敦促红人和品牌遵守规则，向他们的粉丝明确说明他们正在查看的内容是广告，此举将赋予消费者选择是否参与其中的权利。[2]

ASA 对广播广告与非广播广告进行限制的理由、标准有很多，而这些理由、标准大多可以与“公共利益”联系起来。下面将试着从反对“误导性广告”、反对广告中的“性别刻板印象”两个较为典型的角度，考察 ASA 是如何通过受理投诉、执行相关规定来维护“公共利益”的。

**（一）针对“误导性广告”的规定**

ASA 每年收到的投诉中，约有 70%是按照误导性广告规则处理的，可见约束广告的“误导性”是 ASA 工作的重中之重。《守则》第三节规定了旨在防止广告误导受众的规则，其中包括“广告应包含的信息”“证实客观声明的必要性”“定价声明”“与竞争对手的比较”等一系列规则。第一，做出不准确的客观声明，或者有意使用带有误导性的图片或图形都可能被视为误导，比如显示不正确的客户评分[3]、对产品或服务的功能做出不准确的声明[4]，以及夸大产品的质量或尺寸、暗示

[1] 在此之前，《守则》的规制范围仅限于付费广告位中包含的广告。转引自 SCHNEIDER F. CAP publishes ‘online remit update’ [J]. Journal of Direct, Data and Digital Marketing Practice, 2015 (16): 230.

[2] RODERICK L. Brands should be aware of social platform ‘quirks’ when working with influencers [EB/OL]. (2017-03-29) [2023-05-21]. https://www.marketingweek.com/brands-aware-social-quirks-influencers/.

[3] ASA. ASA ruling on Rental Republic Ltd [EB/OL]. (2022-01-19) [2023-05-21]. https://www.asa.org.uk/rulings/rental-republic-ltd-a21-1122322-rental-republic-ltd.html.

[4] ASA 裁定一则关于排水沟清洁服务的广告，得出该广告是有问题的结论，因为它给人的总体印象是该服务由当地的小企业或商人提供，而事实并非如此。由于支持本地小企业的原则可能是消费者做出回应的重要因素，因此该广告被认为具有误导性。详见 ASA. ASA ruling on Ben’s Gutters Ltd [EB/OL]. (2021-12-22) [2023-05-21]. https://www.asa.org.uk/rulings/ben-s-gutters-ltd-a21-1122128-ben-s-gutters-ltd.html.

产品带有附加功能等[1]都属于此种情形。第二，必须确保在广告中做出的客观声明可以被证实。ASA 需要的证据类型取决于产品或服务、相关声明的等级层次及其出现的背景等。有关健康美容产品、体重控制产品、食品补充剂和化妆品的功效声明受其他行业特定规则的约束。第三，对主观声明和夸张手法的要求。《守则》规定，明显的夸张（夸大）及普通消费者不太可能从字面上理解的声明是被允许的，前提是它们不会产生实质性误导。同时，如果 ASA 认为广告中的声明是客观的且能够被证实，那么即使广告商认为该声明不是客观的，ASA 也会在没有充分证据的情况下认为该声明具有误导性。[2] 第四，与竞争对手进行比较的规定。《守则》对进行比较的广告做出了规定。在与可识别的竞争对手进行比较时，广告商除了要持有相关证据的证实声明外，还必须是针对满足相同需求或用于相同目的的产品，客观地比较这些产品的一个或多个重要的、相关的、可验证的和具有代表性的特征，其中可能包括价格。第五，价格声明和节省声明的规定。《守则》对广告中的价格做出了规定，比如要求“价目表不得因遗漏、过分强调或失真而产生误导”“进行价格比较时不得通过谎报价格优势而产生误导”[3]等。

对“误导性广告”进行规范，既能保护消费者的合法权益（知情

[1] ASA. ASA ruling on Parsley Box Ltd [EB/OL]. (2019-11-13) [2023-05-21]. https://www.asa.org.uk/rulings/parsley-box-ltd-G19-1031292.html.

[2] 2014 年，ASA 考虑了修普诺斯（Hypnos）床广告中“世界上最舒适的床”的说法是否具有误导性、是否可以得到证实。他们同意广告商的观点，即该声明是主观的，因为床垫的体验舒适度因消费者的不同而有所不同。详见 ASA. Adjudication on Hypnos Ltd [EB/OL]. (2014-11-26) [2023-05-21]. https://www.asa.org.uk/rulings/Hypnos-Ltd-A14-280808.html.

[3] 根据《守则》第 3.40 条，如果建议零售价（Recommended Retail Price，RRP）与产品或服务的一般销售价格存在显著差异，则与建议零售价进行比较可能会产生误导。广告商必须确保任何参考价格，比如用于宣传消费者可以节省的价格代表真正的既定通常销售价格，并且不会产生误导。详见 ASA. ASA ruling on In The Style Fashion Ltd [EB/OL]. 2022-03-23) [2023-05-21]. https://www.asa.org.uk/rulings/in-the-style-fashion-ltd-g21-1136336-in-the-style-fashion-ltd.html.

权、选择权等），也能在宏观层面促进广告业的健康发展、维护正常的社会经济秩序。

**（二）针对广告中“性别刻板印象”的规定**

2015 年，伦敦地铁站内的一张广告海报引起了公众的愤怒。海报展示了一名身着比基尼的女性，并附上文字“你准备好海滩身材了吗？(ARE YOU BEACH BODY READY?)”，这促使规制机构调查英国广告中所有关于性别的描述。ASA 随即审查了广告中的性别刻板印象(gender stereotypes)，发现性别刻板印象影响人们对性别的看法和行为，会对个人和社会产生有害后果。2018 年 12 月 14 日，CAP 宣布使用关于广告中性别刻板印象的新规则，并于 2019 年 6 月 14 日在相关守则中引入新的规则条款。这些条款适用于广播和非广播媒体（报纸、社交媒体等）。据此，广告“不得包含可能造成伤害或严重或普遍冒犯的性别刻板印象”。该规则在《关于描绘可能造成伤害或严重或普遍冒犯的性别刻板印象的广告指南》（*Advertising Guidance on Depicting Gender Stereotypes Likely to Cause Harm or Serious or Widespread Offence*）（以下简称《指南》）中得到了细化。《指南》明确指出，该规则并不阻止广告展示迷人、有吸引力、成功、有抱负或健康的人或生活方式，并不阻止广告只展示一种性别，并不阻止这种性别刻板印象被用作挑战其负面影响的手段。

根据《指南》，广告中的性别刻板印象包括五种潜在的有害类型：第一类是“带有性别刻板印象的角色和特征”。ASA 认为，广告展示带有性别刻板印象的角色和特征本身并没有问题（比如女性负责照顾孩子而男性负责经济保障，或者女性偏于感性而男性偏于理性等），但是如果广告暗示这些带有性别刻板印象的角色和特征总是与一种性别唯一相关，是一种性别的唯一选择，或者从未由其他性别执行或展示，则这种广告就是有问题的。[1] 第二类是“色情化和物化”。将人色情化的广告通常是以包含有害或冒犯性的性别刻板印象的方式进行的。将女性作为性对象的广告可能会因具有有害的性别刻板印象而被视为有问题。因此，ASA 认为，广告不应将女性作为性对象呈现，或者以色情化和物化的方式描绘女性以挑逗观众。[2] 第三类是“使用幽默”。ASA 可能会从被施加刻板印象的人群的角度考虑刻板印象问题，他们认为使用幽默不太可能减轻《指南》中确定的“伤害或严重或普遍冒犯”。[3] 第四类是“注重描绘对比鲜明的刻板印象”。根据《指南》的要求，应谨慎

---

[1] 比如，ASA 裁定一则关于搜索引擎优化服务的广告是有问题的。该广告包括文字——“你做女孩老板该做的事，我们负责搜索引擎优化”。有人投诉它通过描绘一个女人以居高临下的方式经营企业来延续有害的性别刻板印象。广告商解释说，“女孩老板”（girl boss）指代的是一本书、一场流行文化运动和一个专业网站，但是 ASA 认为许多人不太可能熟悉这些。因此，ASA 认为性别化的术语“女孩老板”没有任何其他背景，强化了女性老板是一种例外情形的印象，而用“女孩”来指代成年女性强化了女性老板是一种新奇事物的印象，并且不如处于相同职位的男性那么严肃。ASA 还认为，“我们负责搜索引擎优化”可能被理解为女性特别需要信息技术（IT）事务方面的帮助，这强化了女性不擅长使用技术的既定刻板印象。详见 ASA. ASA ruling on People Per Hour Ltd [EB/OL].（2020 - 01 - 08）[2023 - 05 - 25]. https：//www. asa. org. uk/rulings/people-per-hour-ltd-G19-1042601. html.

[2] 比如，ASA 支持了针对一家在线服装零售商在 Instagram 上发帖的投诉。该帖子描绘了穿着内衣、戴着天使翅膀或动物耳朵的女性，并配上了画外音：“在万圣节的晚上，一个女孩完全可以穿得像个××，其他女孩不会多说什么。硬核女孩只会穿内衣和戴某种动物耳朵”。ASA 认为，观众可以很明显地察觉出被消音的词是“荡妇”（slut），这是对妇女的负面刻板印象，通常被用来以贬义的方式指代妇女，对某些行为做出判断。将广告中的服装与诋毁性词语“荡妇”联系起来，并暗示女性应该渴望被物化，可能会引起严重的冒犯，该广告以可能造成伤害的方式包含性别刻板印象。详见 ASA. ASA ruling on Babyboo Fashion Pty Ltd [EB/OL].（2021 - 04 - 14）[2023 - 05 - 25]. https：//www. asa. org. uk/rulings/babyboo-fashion-pty-ltd-a20-1082267-babyboo-fashion-pty-ltd. html.

[3] 比如，ASA 支持了针对一则食品广告的投诉。该广告暗示父亲没有能力照顾孩子，照顾孩子的角色被天然地赋予了女性。这则广告描绘了两个新手爸爸在照顾他们的婴儿时分心。结合开场中一个婴儿被母亲交给父亲，最后一个场景中一个父亲说“我们不要告诉妈妈”，ASA 认为，该广告依赖男性不能像女性一样照顾孩子的刻板印象，并暗示父亲因性别而未能适当照顾孩子。虽然广告以幽默的方式描绘了这一点，但 ASA 并不认为幽默的使用减轻了有害刻板印象的影响，因为幽默源于观众对所描绘的性别刻板印象的熟悉，而这正是广告的核心。详见 ASA. ASA ruling on Mondelez UK Ltd [EB/OL].（2019 - 08 - 14）[2023 - 05 - 25]. https：//www. asa. org. uk/rulings/mondelez-uk-ltd-G19-1023670. html.

处理直接对比带有男性和女性刻板印象的角色或特征的广告。[1] 但是，并非所有描述刻板印象的角色或特征的广告都会被 ASA 视为有问题，他们会考虑广告带给观众的整体印象。[2] 第五类是“其他刻板印象描述”。包括“理想化的体形或身体特征”“面向儿童或以儿童为特色”“以潜在的弱势群体为特色”“以不符合性别刻板印象的人为特色”等。

在广告中客观、公正地反映不同的性别形象（而不是将一方描述为另一方的附庸、凝视对象），积极地评价不同性别为社会所做出的贡献（而不是进行诋毁和贬低），符合公共利益的要求。正如 ASA 首席执行官盖伊·帕克（Guy Parker）的总结：“广告商避开这些过时的描述符合女性和男性的利益，符合我们的经济和社会的利益，我们对广告业已经开始就此做出回应感到欣慰。”[3]同时，公共利益也表现为广告形成自身特色、迎合消费者需求和广告商打开市场的利益。比如，ASA 承认“包含性别刻板印象的内容并不总是有问题的内容”，市场研究公司 System1 亦指出“人们实际上可能非常喜欢笨手笨脚的爸爸的刻板印

[1] 比如，ASA 支持了针对一则汽车广告的投诉。该广告将在特殊环境中进行冒险活动的男性形象与扮演照顾者角色的女性形象进行了对比。ASA 认为，该广告直接对比了带有男性和女性刻板印象的角色和特征，给人的印象是只与一种性别相关联。详见 ASA. ASA ruling on Volkswagen Group UK Ltd [EB/OL]. (2019-08-14) [2023-05-25]. https://www.asa.org.uk/rulings/volkswagen-group-uk-ltd-g19-1023922.html.

[2] 比如，ASA 没有支持针对巴克斯顿瓶装水电视广告的投诉。该广告以男性和女性从事与其性别相关的活动为特色：女性芭蕾舞演员、男性鼓手和男性赛艇选手。ASA 虽然承认这些活动与特定性别有关，但指出广告所描述的每项技能都显示出同样困难和苛刻的要求，并认为广告不太关注每个角色的活动，而更多地关注他们的特征——同等水平的驱动力和才能使他们能够出类拔萃。因此，在本案中，ASA 不认为广告延续了有害的性别刻板印象，并得出结论，认为它没有违反该规则。详见 ASA. ASA ruling on Nestlé UK Ltd [EB/OL]. (2019-08-14) [2023-05-25]. https://www.asa.org.uk/rulings/nestl-uk-ltd.html.

[3] 转引自 WILSON-BEEVERS H. Why the ASA banning ‘harmful’ gender stereotypes moves society forward and marks a long-awaited zero-tolerance approach [EB/OL]. (2019-06-17) [2023-05-25]. https://www.glamourmagazine.co.uk/article/asa-harmful-gender-stereotypes-ban.

象”[1]。在两种不同的公共利益面前，ASA 的目标在于确定一套规则以防止对特定人群造成伤害，而不是试图阻止广告形成自身的特色。这或许可以被理解为一种关乎公共利益的平衡艺术。至于如何界定新规则中的“造成伤害或严重或普遍冒犯”，以及特定广告是否必然“造成伤害或严重或普遍冒犯”等问题，ASA 有必要进行权衡考虑，以保证这一规则的有效性、一致性，以保证它不会以某种家长式作风损害更高层面关乎言论自由的公共利益。

## 三、对淫秽色情内容的要求

这里将淫秽色情内容与新闻、广告一并讨论，并不是说这三者之间是并列、平行的关系，而是试图强调淫秽色情内容同样关涉重要的公共利益，尤其是在“淫秽色情”一词本身在定义上存在相当的模糊性的前提下。事实上，针对淫秽色情内容的规制一直都是英国传媒规制的重要组成部分，尤其是当前互联网技术以其便利性、匿名性和影响范围广泛极大地提高了淫秽色情内容的传播效率和规制难度。英国 2013 年的一项调查显示，有 13%的人这一年“意外地打开过色情网页”，有 11%的人这一年“接收过包含淫秽内容的电子邮件”[2]。这些都被界定为和感染计算机病毒、银行账户被盗一样的“糟糕的上网体验”[3]。另一组数据尤其触目惊心：在 2017 年，IWF 已确认的包含儿童性虐待内容的网址多达 78 589 个，比 2016 年增长 37%，而关于儿童强奸和性虐待内容

[1] HAMMETT E. Have the ASA's new gender stereotyping rulings gone too far? [EB/OL]. (2019-08-15) [2023-05-25]. https://www.marketingweek.com/asa-gender-stereotyping-rulings-gone-too-far/.

[2] Statista. Bad online experiences in Great Britain 2011 - 2013 [EB/OL]. (2013-10-08) [2023-05-25]. https://www.statista.com/statistics/275187/bad-online-experiences-in-great-britain/.

[3] Statista. Bad online experiences in Great Britain 2011 - 2013 [EB/OL]. (2013-10-08) [2023-05-25]. https://www.statista.com/statistics/275187/bad-online-experiences-in-great-britain/.

的比重更是增长到33%[1]。因此，对淫秽色情内容进行规制的必要性和紧迫性更加突显。

在针对淫秽色情内容的规制体系中，公共利益体现在两个层次上：第一，体现为表达自由、文学艺术创作和未成年人保护之间的权衡；第二，检察官在决定检控是否符合公共利益时，需要考虑的因素包括“淫秽色情的程度和类型及其呈现形式”“任何商业企业的类型和规模”“是否向儿童发表，或者是否有可能向儿童发表”等[2]。

**（一）规制淫秽色情内容的法律依据**

早在维多利亚时代（1837—1901），英国社会就自上而下充斥着一种强烈的道德主义氛围，淫秽色情文学、饮酒、赌博等一切不体面的事物都被诉诸法律手段予以清除。成立于1802年的“反堕落协会”（Society for the Suppression of Vice）处理了大量淫秽色情物品案件，对兜售淫秽色情书籍、画册、其他出版物和玩具的人提出淫秽色情诽谤指控，或者根据《1824年流浪法》（*Vagrancy Act 1824*）指控他们公开进行淫秽色情行为[3]，但是淫秽色情物品问题依然严重。在这一“除恶务尽”思路的主导下，英国出台了历史上第一部关于淫秽出版物的法律——《1857年淫秽出版物法》（*Obscene Publications Act 1857*）。该法并未对“淫秽”做出界定。1868年“希克林案”中大法官亚历山大·科伯恩（Alexander Cockburn）为“淫秽”确定了标准，即“无论出版物的倾向如何，如果其腐化和堕落了一些对不道德思想比较敏感的人，这样的出版物落入他们手中，并产生不道德的影响，则该出版物为

---

[1] IWF. IWF global figures show online child sexual abuse imagery up by a third [EB/OL]. (2018-04-18) [2023-05-25]. https://www.iwf.org.uk/news/iwf-global-figures-show-online-child-sexual-abuse-imagery-up-by-a-third.

[2] 详见英国皇家检察署官方网站：https://www.cps.gov.uk/publication/obscene-publications-consultation。

[3] 根据该法对淫秽色情的定义，淫秽色情物品必须严重冒犯公共礼仪，并对公共道德具有破坏性。详见波特. 普通法简史[M]. 武卓韵，译. 北京：北京大学出版社，2022：353.

淫秽内容"[1]。这一"敏感人群"定义在当时的英国得到普遍接受，其影响更扩展到许多其他国家。但是，随着社会环境的变化，这一定义越发暴露出自身模糊性、主观性的缺陷，受到越来越多的批评，终于被《1959 年淫秽出版物法》取代，后者的效力延续至今，成为当前英国规制淫秽色情内容的主要法律依据。该法对"淫秽"(obscenity)[2]的定义是："如果一个物品的效果，或者包括两个或两个以上不同物品的其中任何一个物品的效果，作为一个整体来看，在顾及所有有关情况的情形下，倾向于使阅读、观看或聆听其中所载或所体现的事项的人堕落和腐化，则该物品应被视为淫秽的。"[3]该定义明确指出，判断一个物品是不是淫秽的要着眼于物品的整体而非部分，在适用人群方面则采用了所谓"社群标准"(community standards)而非过去"希克林准则"中确立的"敏感人群标准"。《1959 年淫秽出版物法》，一方面按淫秽的程度对淫秽出版行为进行处罚：出版类似作品，轻则罚款不超过 100 英镑，或监禁最长六个月；重则罚款（无数额限制），或监禁最长三年，或两刑并用。[4] 另一方面从更好地保护文学作品等角度，为出版物提供进行公共利益抗辩的理由："如果证明公布有关物品是为了公共利益，任何人不得被判定犯有违反本法第 2 条的罪行，并不得根据本条发出没收令，理由是它符合科学、文学、艺术或学习的利益，或者其他被普遍关注的对象的利益。"[5]1960 年 8 月 16 日，公诉方以企鹅出版集团出版的无删节版《查泰莱夫人的情人》违反《1959 年淫秽出版物法》为由提起公诉，这也是新出台的《1959 年淫秽出版物法》接受实践检验的一个案例。在审判过程中，检察官默文・格里菲斯-琼斯（Mervyn

[1] 转引自周书环．英国对网络淫秽色情传播的规制体系研究［J］．西南政法大学学报，2018，20（2）：83.

[2] "淫秽"是"色情"(pornography) 较严重的形式。笔者注。

[3] Obscene Publications Act 1959：https：//www. legislation. gov. uk/ukpga/Eliz2/7 - 8/66.

[4] 转引自李韧．《查泰莱夫人的情人》：50 多年前的一桩言论自由案［J］．新闻界，2012（15）：77.

[5] Obscene Publications Act 1959：https：//www. legislation. gov. uk/ukpga/Eliz2/7 - 8/66.

Griffith-Jones）代表公诉方进行指控。他首先敦促陪审团按照《1959年淫秽出版物法》第2条判断：该小说是否总体上是淫秽的？如果是，那么它的文学价值是否符合《1959年淫秽出版物法》第4条规定的“公共利益”？他进一步设问：你会赞成你年幼的儿子、年幼的女儿——因为女孩可以和男孩一样阅读——阅读这本书吗？你打算将这本书放在家里吗？你希望自己的妻子、仆人阅读这本书吗？在此基础上，格里菲斯-琼斯做出了判断：这本小说“确实意图，而且肯定可以诱使那些看过它的人在头脑里产生骄奢淫欲的想法”[1]。但是，以大律师杰拉尔德·加德纳（Gerald Gardiner）为代表的辩护方则回应称，根据《1959年淫秽出版物法》第2条的规定，该小说并不构成“淫秽”，并强调了小说作者劳伦斯在文学界的重要地位，指出本书并没有让任何人堕落，作者要传达的意思是当代人类的心理压力需要用身体去消解，人类需要重建私人关系，男女间的亲密并非错误、不洁和禁忌，因而其中的性描写是完全有必要且恰当的。辩护方的35位证人陆续出庭作证，其中约翰·罗宾逊（John Robinson）主教指出：劳伦斯试图“用一种真实的感受将性爱关系描绘成某种神圣的……，圣洁的交流行为”[2]，甚至直接断言这是一本值得基督教徒阅读的小说；英语文学讲师理查德·霍加特（Richard Hoggart）则认为，小说的语言是恰如其分的，是符合实际并随小说情节的发展而变化的。最终陪审团就此案做出了无罪的判决。该案被视为“以公共利益进行辩护”的典范，也为后续一系列诉讼提供了判决先例，推动了文学领域的出版自由。

在网络环境中，针对淫秽色情内容的规制沿用了《1959年淫秽出版物法》（该法在1964年进行了修正），在适用过程中出现了如何更好地界定网络出版物、如何更有效地保护未成年人等问题，但总体来看，

[1] 转引自李韧.《查泰莱夫人的情人》：50多年前的一桩言论自由案[J].新闻界，2012(15)：77.

[2] 转引自李韧.《查泰莱夫人的情人》：50多年前的一桩言论自由案[J].新闻界，2012(15)：78.

陪审团倾向于以更开放的态度看待这些材料，对“是否使公众堕落”的评价也更加宽松，这使得检方的起诉很难成功。一个例外是 2003 年的“简・朗赫斯特谋杀案”（Murder of Jane Longhurst）[1]，检方对嫌疑人格拉罕姆・库茨（Graham Coutts）所持有的“极端色情”材料给予了高度重视，他们在库茨的电脑中发现了 69 张暴力色情图片，有人认为这些材料正是库茨产生谋杀意图的推动因素，为他的谋杀行为确立了明确的动机。在“简・朗赫斯特谋杀案”的法院判决和由受害人朗赫斯特的母亲发动的、旨在禁止“以性满足的名义宣传对女性的暴力行为的极端色情网站”的请愿活动的影响下，英国政府继续推动淫秽法改革进程，通过了《2008 年刑事司法和移民法》（*Criminal Justice and Immigration Act 2008*），大大加强了《1959 年淫秽出版物法》的效力。根据前者，拥有“极端色情”图像的情形将被视为构成犯罪。不过，英国政府对淫秽色情材料的总体态度并未发生根本改变。其中，对 2008 年“达林・沃克案”（Regina v Darryn Walker）和 2012 年“迈克・皮考克案”（Regina v Michael Peacock）的审判的主要去罪化依据是这些材料面向特定的人群而非广大的公众，因此不具备使公众堕落的可能，如前者只有在主动搜索关于某女子偶像团体的同人作品时才会出现，后者只有在寻找男性同性恋“硬核色情”（hard-core pornography）材料时才能找到。从此，一切向其他成人自愿、合法地传播“你情我愿的合法行为的色情作品”都不会再被英国皇家检控署起诉。

**（二）规制网上淫秽色情内容的技术手段和行业自律**

为了弥补既有法律在规制淫秽色情内容方面的缺陷和不足，英国政

---

[1] 教师简・朗赫斯特于 2003 年 3 月 14 日被格拉罕姆・库茨谋杀。当时，库茨是一名住在布莱顿的吉他手和兼职推销员。他声称朗赫斯特在双方同意的“窒息式性爱”（erotic asphyxiation）期间意外死亡，尽管检方认为没有任何迹象表明库茨和朗赫斯特曾经是恋人。库茨于 2004 年 2 月 3 日被判犯有谋杀罪，并被判处至少 30 年的无期徒刑（2005 年 1 月 26 日上诉时减为 26 年）。在此案中，检方非常重视库茨电脑中存有的“极端色情”图片的影响。详见维基百科关于“简・朗赫斯特谋杀案”的词条：https：//en. wikipedia. org/wiki/Murder_of_Jane_Longhurst。

府通过技术手段进行规制，比如由互联网内容评级协会（Internet Content Rating Association，ICRA）创建的“内容描述系统”（content description system）允许网站管理员和数字内容创建者在诸如裸露、性、亵渎、暴力和其他可能不受欢迎的材料和线上互动等类别中针对内容进行自我标记，然后由父母和其他成年人对什么是适当的内容做出价值判断。值得注意的是，ICRA 自己并不直接针对这些内容进行管理。在根据用户反馈的评级进行内容分类的基础上，ICRA 进一步提供过滤软件，以便家长更好地控制孩子的上网行为。此外，英国政府还积极推进互联网行业自律，比如前文提到的 IWF 就是主要负责处理网络淫秽色情内容的行业自律组织，它成立于 1996 年，总部设在英国剑桥郡。作为一个非营利性的慈善机构，IWF 接收、处理通过电子邮件、电话等各种渠道反馈的匿名举报，主动搜索、识别和删除[1]关于儿童性虐待的在线图像和视频，编制并维护一个包含儿童性虐待内容的个人网页的 URL（Uniform Resource Locator，统一资源定位器）列表（黑名单）。当出现整个网站专门用于发布儿童性虐待图像和视频的情形时，则将整个网站列入黑名单。值得一提的是，IWF 通过运用微软公司提供的 PhotoDNA 程序，将儿童性虐待图像和视频转换为独特的数字代码（Hash）以形成一种数字指纹，这样一来，在每天更新的 Hash 列表的帮助下，那些已被识别的儿童性虐待图像和视频在它们呈现给用户之前就被自动删除了。按照官方发布的数据，在过去 20 年里，IWF 一共评估了 70 万份报告，其中有 281 781 份是关于儿童性虐待的材料，每周评估 1 000 多个网址（网页），并收到了显著的效果：英国托管的儿童性虐待内容已经从 1996 年的 18%降至今天的 1%以下[2]。IWF 的工作还得到了全球互联网行业和欧盟委员会的支持。

然而，对儿童性虐待内容的过滤也产生了一些副作用，IWF 不可

---

[1] 互联网服务提供商如果处在英国管辖范围内，则可以直接删除包含非法图像的网站；如果不在英国管辖范围内，则采取措施阻止用户进入。笔者注。

[2] 详见 IWF 官网：https：//www.iwf.org.uk/what-we-do。

避免地遭到了质疑和批评。批评意见认为，针对网页的过滤无法阻止通过电子邮件、文件传输协议（FTP）、超文本传输安全协议（HTTPS）、对等互联网络技术（P2P）、新闻组（usenet）、因特网中继聊天（IRC）等其他方式对相同内容的访问，而只是迫使这种访问活动转入地下，变得更加难以评估和跟踪。IWF 曾经禁止用户访问维基百科中“蝎子乐队 1976 年发行的专辑《处女杀手》”页面，因为 IWF 发现该专辑封面显示了一个全裸少女。此举引发了关于如何平衡言论自由与内容规制的担心，毕竟和保护未成年人一样，言论自由本身也是至关重要的公共利益：“IWF 最终成为英国约 95%的互联网用户的道德警察，而一家非政府机构对‘体面’和‘不体面’拥有如此大的控制权，这一事实有点令人担忧。英国政府在这件事上的立场是什么？它的意见应该算数吗？”[1]进一步说，IWF 对内容适当性的判断将如何接受外界的审查，其职权的边界应该在哪里——这些问题值得进一步研究。

## 第四节　传媒规制中公共利益的争论与影响因素

### 一、围绕传媒规制中的公共利益的争论

从以上研究和分析中可以发现，英国关于传媒的制度、政策和法规本质上都是对公共利益的具体安排，而公共利益进一步表现为对某些更加深层的价值原则（如民主、自由、公正等）的选择和偏向。同时，在特定的政治体制、特定的政党执政，甚至特定的历史文化传统中，占主导地位的意识形态总是能够通过特定的方式，在某种程度上影响传媒的政策，影响当时的公共利益的特定取向。随着公共利益的内涵不断丰富，它本身似乎变得面目模糊，缺乏内在一致的规定，甚至被质疑是一种“工具性”的存在。为此，本节试图回答以下三个问题：在英国的历

---

[1] PCWorld. Wikipedia censorship sparks free speech debate [EB/OL]. (2008-12-08) [2023-06-01]. https://www.pcworld.com/article/155156/wikipedia_censorship.html.

史进程中，围绕传媒规制中的公共利益有过哪些争论？导致传媒规制中的公共利益变动的原因是什么？这些变动大致产生了哪些影响？

**（一）传媒规制中公共利益的内容、主张主体和实现方式**

围绕传媒规制中的公共利益的争论主要集中在其内容、主张主体和实现方式等问题上[1]，它们彼此之间存在层层递进的逻辑关系，而在这些争论之上的，首先是公共利益是否存在的问题。比如，根据20世纪40年代末以来的公共选择理论和规制俘虏理论，组成政府的个人就如同经济领域的个人一样，也有自利的动机（如追求政治地位、声誉等），往往以追求个人利益而不是公共利益的最大化实现为其价值原则，导致政府的行为往往也不是为了公共利益，而是更多地追求官僚集团的利益，或者由此而来的被社会利益集团“俘虏”的利益：“管制法令的产生，其实不过是利益团体竞逐的结果。尤其在利益集中、成本分散时，法令极易在利益团体的压力下通过。”[2]所以，即便是国家名义上需要维护的公共利益，本质上仍然是个别团体的特殊利益。这些理论从根本上对公共利益是否存在提出了疑问，进而引发了一系列回应和讨论。

其次是公共利益的内容的问题，即公共利益到底指的是什么。目前，学界关于“公共利益”很少取得一致的认识，而是倾向于以一种简单罗列的方式将其呈现出来，比如前文提到麦奎尔将公共利益概括为提供普遍服务、内容多样性、编辑独立性、承担社会责任、提供高质量的文化内容、实行公共财政体制和经营的非营利性等。但问题在于，随着英国社会中占主导地位的意识形态发生变化，这些公共利益会与之一同发生变化，并不存在相对恒定的、不变的内容，而且这些公共利益彼此之间并不是完全平行的，甚至当不同公共利益之间发生冲突而有必要进行权衡时，很难找到一个像费恩塔克所要求的那种明确的优先序列作为

[1] 详见李丹林．广播电视法中的公共利益研究［M］．北京：中国传媒大学出版社，2012：132－136.

[2] 陈淳文．公民、消费者、国家与市场［M］．//许纪霖．公共性与公民观．南京：江苏人民出版社，2006：273.

取舍的依据。比如，公共利益更多是指借由媒体来保障的公众的公民权利，还是指传媒机构的参与市场竞争的行业利益？当一家传媒机构选择刊登一则关于某人的新闻时，它是以保障公众知情权的名义来服务公共利益的，但对于被曝光的人来说，他可能会认为保护其隐私是重要的公共利益，从而反对传媒机构公开关于他的新闻。又如，在麦奎尔等人看来，公共利益意味着针对传媒实行公共财政体制，像 BBC 一样作为公共服务体制下的传媒机构在财政上高度依赖执照费收入，只有这样才能保证自身不受广告商等市场因素的影响，但这又造成了机构臃肿和官僚主义作风，反过来损害了公共利益。

再次是公共利益主张主体的问题，即由谁来代表公共利益。在传媒规制领域，政府、传媒机构和独立规制机构都声称自己代表着公共利益，因为公共利益为这些主体的活动赋予了正当性、合法性：其一，在公共利益规制理论中，政府是规制的主体，因而自然也就是代表公共利益的主体；传媒机构是规制的客体，被视作与市场上的其他商业机构一样，容易因自然垄断、外部性、公共产品、信息不对称等而导致市场失灵，为此政府采用有效方式来矫正，以维护公共利益、提高社会福利水平。然而，容易引起质疑的是，政府的规制行为本身是否真的出于公共利益的需要？其二，传媒机构往往将自身视作公共利益的代表。比如，报纸鼓励人们在报纸上公开地就公共议题发表意见，通过形成“公共论坛”来维护公共利益，同时作为“看门狗”对公权力部门进行监督以避免公民个人受到不法侵害，从而维护公共利益。这些公共利益是如此的重要，以至于报纸凭借这一点成功地抵制了来自政府的干预，进一步在公共利益原则下实现了自治。又如，广播电视最初依赖自身的公共服务体制向公民提供普遍的、高质量的服务，以保障公民的知情权，培养高雅的文化品位，从而维护公共利益；后来又通过引入市场机制，推动意见和观点的多样化，保障消费者在选择传媒产品方面的权利，从而维护公共利益。其三，独立规制机构出于公共利益的需要对传媒机构进行约束和限制，比如对涉及公众健康或安全的、侦查或揭露犯罪的传媒内容提供保护，保护青少年和儿童的权益，保护公民不被错误的陈述误导，保护言论自由，等等。这些重要的公共利益仅仅依靠传媒机构自身是难以实现的，但独立规制机构监管的过程又必须被监督，以避免对公共利益造成损害。

最后是公共利益实现方式的问题。在英国的传媒规制领域，公共利益的实现方式包括两种：一是由君主正式发文向传媒机构授予皇家特权证书，即所谓皇家特许状；二是由政府向传媒机构颁发执照。前一种方式意味着一家传媒机构符合枢密院认定的标准[1]，包括自身成就卓越、财务稳定，并且将自身置于公共监管之下，以符合公共利益的要求；后一种方式则意味着主要依靠政府的力量，确保传媒机构所有者对公众忠诚，以维护公共利益。但是，在新自由主义思想的影响下，传媒领域的“去规制化”成了一种政策选择，市场被认为是配置资源的有效方式，自由的市场竞争而非政府规制被认为更有助于维护公共利益，人们相信传媒市场上充分的竞争保证了不同主体的多元化表达，进一步保障了消费者的言论自由权利。但是，这样一来，规制似乎就站到了自由的对立面，正如一些左翼学者所担心的，将规制与自由截然对立或将推动整个社会走向完全不负责任的境地。

### （二）多元主义和多样性是“虚假”的吗？

自《1977 年安南委员会报告》出台以来，多元主义、多样性似乎已经成为传媒规制中的公共利益的代名词。然而，它并非《1977 年安南委员会报告》的直接产物。它的历史可以追溯到 19 世纪末 20 世纪初对自由放任主义和国家权力无限扩张的抵抗。它是一种将社会团体（民

---

[1] 这些标准主要包括：（1）有关机构应由拥有各自独特专业的不同成员组成，并且大部分成员应是有资格成为其中一员的。该机构成员不得与其他机构有重大重叠。（2）该机构的法人成员应至少具备相关学科的第一学位水平。（3）该机构应财务状况良好，并能够展示多年来的成就记录。（4）通过皇家特许状注册成立，是政府监管的一种形式，因为未来对皇家特许状和该机构章程的修订须经枢密院（政府）批准。因此，需要有一个令人信服的案例，证明以这种方式监管该机构符合公共利益。但是，符合这些标准并不意味着该机构一定能获得皇家特许状。The Privy Council Office. Applying for a Royal Charter [EB/OL]. [2023 - 06 - 01]. https://privycouncil.independent.gov.uk/royal-charters/applying-for-a-roval-charter/.

族的、种族的、宗教的和职业的）作为个人和国家之间的中介的主张：理想的多元化社会由多元的社会群体和个人构成，国家只是众多社会团体中的一个。起决定作用的社会成员之间形成“广泛的社会合意”，而大众传媒正是“广泛的社会合意的反映和表现”。在传媒规制的语境中，为了符合以上要求，必须通过各种规制方式尽可能地反映社会中各个群体的利益，满足各个群体的要求，使传媒机构能够更好地代表这些群体发声；在维系整个社会的前提下，为来自不同群体的成员提供选择的空间。特别是在针对广播电视的规制中，“多元”成为公共利益的核心要素，并且要求实现“内容多元”[1]“结构多元”[2]“监管类型多元”等。但是，多元主义、多样性无论是在实践层面还是在学理层面都存在着一定的争议。比如，致力“挑战英国媒体的声音同质性”的专门性的非营利组织——“媒体多元化组织”（Media Diversified）就批评了英国电视节目中将东亚文化刻意他者化、暗示美白皮肤等同于成功等现象，更旗帜鲜明地批评了本应维护多元主义的规制机构——独立报业标准组织（IPSO）的不作为[3]。在学理层面，左翼学者斯图亚特·霍尔（Stuart

［1］具体包括对公共广播电视机构、商业性广播电视机构的原创作品、独立制作节目的要求，对受众接收更多面向本国、本地区的节目的要求，以及对不同节目类型（新闻时事类、音乐艺术类、宗教类、教育类）的要求等。详见李丹林，周丽娜，韩新华，等．英国传媒监管研究［M］. 北京：中国传媒大学出版社，2022：51.

［2］虽然英国在媒体所有权的法定限制上有逐渐放宽的趋势，但是对广播电视媒体的所有权及报业、广播电视的跨媒体所有权，在市场份额、许可证持有量和持股份额几项因素上依然有较为严格的规定。这些规定保证了英国广播电视媒体避免占有过多的市场份额而造成媒体公司的垄断和过度集中。由此形成的多元媒体组织形态也对媒体市场中内容的多元化大有裨益。详见李丹林，周丽娜，韩新华，等．英国传媒监管研究［M］. 北京：中国传媒大学出版社，2022：51.

［3］2019 年 2 月 28 日，媒体多元化组织在其官网上发布了一封题为“行业新闻机构 IPSO 未能保护少数群体免受新闻歧视”的公开信，指出：“针对社区的种族主义和基于信仰的攻击在部分媒体中如此普遍，以至于它们已经成为一种危险的常态。显然，这些攻击助长了少数群体成员每天遭受的歧视、骚扰和暴力。但是，你们没有采取任何行动……我们写信表达我们深深的沮丧，并要求你们紧急、公开地解决这个问题。”详见 Media Diversified. Open letter：the industry press body IPSO is failing to protect minorities from press discrimination ［EB/OL］.（2019－02－28）［2023－06－01］. https：//mediadiversified.org/2019/02/28/open-letter-the-industry-press-body-ipso-is-failing-to-protect-minorities-from-press-discrimination.

Hall）立场鲜明地批判了多元主义的虚伪性：媒体“不再是仅仅作为反射或维持舆论的机构，而是帮助生产舆论和制造共识的结构”[1]。这就从根源上否定了媒体反映多元舆论、推动社会合意形成，而是认定它从一开始就具有操纵性。丹尼尔·C. 哈林（Daniel C. Hallin）等指出了“极化多元主义”的弊端，认为它限制了媒介制度，尤其是公共广播电视的合法性。[2] 克里斯托弗·G. 弗勒德（Christopher G. Flood）等人发现 BBC 在伊斯兰主题的报道中无法实现公共服务广播所要求的公正性、公平性和平衡性，因为按照要求，其新闻报道必须同时符合英国社会特有的公民价值观，而后者在意识形态上并非中立。[3] 由此，多元主义、多样化的实现与媒体的其他职责之间存在着根本的矛盾。特别值得注意的是格雷姆·伯顿（Graeme Burton）关于媒体多元主义的研究。他从类型化文本的角度出发，将市场主导的媒体模式视为“虚假的多元主义”。在他看来，“这种模式是一种以生产为主导的经济模式，以能够带来最大化利润的受众群体（无论大小）为目标，在生产决策上遵循‘求稳’的策略，重复使用公式化的内容”[4]。同时，技术进步使得传媒的输出渠道、承载方式更多样化地发展，名义上给予了消费者更多的选择，“但实际上，所谓‘更多’往往意味着‘相同’”[5]，传媒渠道、格式的多样化确实使得传媒产品在数量上增长，但是从产品内容来看，彼此之间的差异并不大。进一步说，“这种类型化形式在数量上的扩张所带来的不过是一个多元主义的‘幻象’而已”[6]。伯顿十分尖锐地指

[1] 霍尔．“意识形态”的再发现：在媒介研究中受抑制后的重返 [J]．杨蔚，译．媒介批评，2005（1）：201.

[2] 哈林，曼奇尼．比较媒介体制 [M]．陈娟，展江，等译．北京：中国人民大学出版社，2012：131.

[3] FLOOD C G，HUTCHINGS S，MIAZHEVICH G，et al. Between impartiality and ideology：the BBC's paradoxical remit and the case of Islam-related news [J]. Journalism Studies，2011，12（2）：221.

[4] 伯顿．媒体与社会：批判的视角 [M]．史安斌，主译．北京：清华大学出版社，2007：80.

[5] 伯顿．媒体与社会：批判的视角 [M]．史安斌，主译．北京：清华大学出版社，2007：227.

[6] 伯顿．媒体与社会：批判的视角 [M]．史安斌，主译．北京：清华大学出版社，2007：80.

出需要反思关于多元主义的一系列问题：人们为何需要这些内容？这种要求是如何产生的？哪些人不需要这些内容？哪些人所需要的内容得不到生产上的支持？如果人们根本没有机会接触到某种内容，他们怎么会知道自己是否需要这种内容？归根到底，究竟是谁在决定人们需要什么内容，不需要什么内容？[1]为了实现真正的多元主义，伯顿建议要对类型做探索和创新，要采用新的模式对传媒进行不偏不倚的规制，然而这种新的模式、新的规制是什么，伯顿并没有给出明确的答案。

综上所述，多元主义、多样性在一段时间内、一定程度上寄托了符合公共利益的美好期待。但是，它的真正实现受到多方面因素的影响，它在结果上是否必然有助于"维系民主"、服务充分竞争的"观点自由市场"有待观察。结合英国自脱欧以来愈演愈烈的民粹主义来看，文化、宗教、族群的身份边界越发强硬，也许会产生这样的困惑——多元主义怎样才能与催生共识的公民身份衔接？[2]换言之，当多元主义、多样性出现问题时，传媒规制又该做出怎样的调整，从而维护已经变化了的公共利益？

**（三）普遍服务原则的简单化、形式主义和理想化**

"普遍服务"与"公共服务"在历史进程中融为一体，成为"公共利益"的另一个面向。在电信、广播行业发展初期，频谱是具有高度稀缺性的资源，只有少数私营机构具备提供相关服务的技术和能力。站在这些机构的立场上，为偏远地区架设电缆、为分散居住的人们提供服务是极不经济的做法。基于这一现实状况，"普遍服务"强调要面向所有人提供均等的、负担得起的服务。作为政策术语，"普遍服务"(universal service) 于 1907 年由美国电话电报公司 (AT&T) 当时的总裁西奥多·N. 韦尔 (Theodore N. Vail) 提出，即针对任何人都要提供无地域、质量、资费歧视且能够负担得起的电信业务。1934 年，美国率先将这一政策纳入法律条文，在《通信法》中明确规定："电信经营

[1] 伯顿．媒体与社会：批判的视角［M］．史安斌，主译．北京：清华大学出版社，2007：80.
[2] 孙兴杰．欧洲多元主义之路越走越窄［N］．中国青年报，2019-08-23（2）.

者要以充足的设施和合理的资费，尽可能地为美国所有国民提供迅速而高效的有线和无线通信业务。”英国同样重视“普遍服务”。比如，Ofcom 对“普遍服务义务”（Universal Service Obligation，USO）的早期要求是“确保英国所有公民和客户都能以负担得起的价格获得基本固定通信网路服务[1]（basic fixed line services）”[2]。随着技术更新、Ofcom 职权变化，“普遍服务”的范围也在发生变化（表 4-6）。

**表 4-6 普遍服务义务相关文件（部分）[3]**

| 普遍服务类型 | 文件 |
|---|---|
| 电话普遍服务 | 《2003 年电子通信（普遍服务）指令》[*The Electronic Communications (Universal Service) Order* 2003] |
| 宽带普遍服务 | 《2018 年电子通信（普遍服务）（宽带）指令》[*The Electronic Communications (Universal Service) (Broadband) Order* 2018]<br>《普遍服务条款和指南（非官方综合版本）》[*Universal Service Conditions and Directions (Unofficial Consolidated Version)*]<br>《申请宽带普遍服务连接指南》(*A Guide to Requesting a Broadband Universal Service Connection*) |

随着传输网络不断融合，早期适用于电信领域的“普遍服务”要求渐渐地与广播电视领域的“公共服务”要求混为一谈，被政策制定者大量使用。因为在技术层面，网络本身的类型与通过它提供的服务的类型越来越不相关，广播信号可以很容易地通过铜电缆传输，电话信号可以

[1] 所谓基本固定通信网路服务，属于有线电话网络，包括市内电话、长途电话、国际电话等，以及语音和资料（如网际网络）的传输。笔者注。

[2] 此时的 USO 具体包括：针对低收入客户的特殊收费方案；与固定网络的连接，包括功能性互联网的接入；公用电话亭的地理位置合理；为有听力障碍的客户提供文本中继服务。详见 Ofcom. Universal Service Obligation [EB/OL]. (2005-03-21) [2023-06-06]. https://www.ofcom.org.uk/consultations-and-statements/category-1/uso.

[3] Ofcom. Universal service obligations (broadband and telephony) [EB/OL]. (2022-09-07) [2023-06-06]. https://www.ofcom.org.uk/phones-telecoms-and-internet/information-for-industry/telecoms-competition-regulation/general-conditions-of-entitlement/universal-service-obligation.

很容易地通过同轴电缆传输[1]。由此，“普遍服务”和“公共服务”一起，似乎成为解决所有潜在问题的规制概念[2]。但是，这一思路被学者抨击为简单化的、形式主义的，因而也是理想化的。[3] 具体来说，“简单化”在于假设在当下应用相同的概念和进行相同的操作可以获得与过去同样的效果；“形式主义”在于假设这些概念可以自我发展，而不管它们被应用的时间和环境是什么[4]；“理想化”在于假设制定良好的法律就足以保证这些法律一定能够得到实施。

“普遍服务”（或“公共服务”）假设了一种整体性的公共利益的存在，但在一个多元社会，公众并不是同质的，而是由许多相互区别的群体组成，向这些多元化的公众提供“普遍服务”，意味着社会主流意识形态的主导地位可能会受到冲击，意味着对民族的身份认同可能会发生混乱，意味着必须付出极大的成本，尤其是在激烈的市场竞争环境中，“普遍服务”原则与满足少数人的需求从而赚取更多利润的目标之间的冲突将进一步激化。比如，早在 20 世纪 80 年代，为了与商业化的媒体争夺市场份额，BBC 就不得不进行市场化的实践，去争取细分市场中更多的受众。但问题是，相对于从一开始就定位为“服务少数人的兴趣”的第四频道等，BBC 自诞生之日起就掌握在保守派精英的手中。

---

[1] BURGELMAN J-C. Regulating access in the information society: the need for rethinking public and universal service [J]. New Media & Society, 2000, 2 (1): 55.

[2] 比如，当面临“信息鸿沟”“数字鸿沟”等问题时，可通过履行普遍服务义务、设置普遍服务基金的方式加以解决，从而使每个人都能从中获益；又如，当传媒机构的垄断兼并对信息社会的多样性构成威胁时，可通过公共服务确保高质量内容、专业节目和流行节目之间的平衡。笔者注。

[3] BURGELMAN J C. Regulating access in the information society: the need for rethinking public and universal service [J]. New Media & Society, 2000, 2 (1): 51 - 66.

[4] 由于概念被应用的具体环境不同，同样的“普遍服务”“公共服务”概念导向了欧洲和美国不同的广播和电信模式的建立与发展；当“普遍服务”“公共服务”成为重要的监管概念时，人们往往会忽略当时的广播和电信服务主要是为少部分富人服务的。“普遍服务”“公共服务”是在一种精英主义的环境中发挥作用的。如果无视这些背景因素，将“普遍服务”“公共服务”设想为完美的政策，理所当然地认为它们可以很好地被应用到今天的环境中，就是犯了“形式主义”的错误。笔者注。

他们以提供公共服务为宗旨，所传递的大多是主流的、迎合社会上大多数人兴趣和品位的内容——尽管实质上是英国上流社会的价值观念——这就很难覆盖到少数人的需求，从而难以赚取更多的利润，以至于陷入一种两难境地：一方面要提供普遍服务，另一方面又不能因提供普遍服务而放弃追求利润。另外，提供“普遍服务”原则上意味着要向所有人提供均等的服务。“所有人”在字面意思之外也包括作为消费者、作为公民的不同层次。在前文提到的《普特南报告》中，普特南对 2000 年政府白皮书中的“消费者”在 2002 年《通信法草案》中被替换为“客户”的表现进行了严厉批评，反映了普特南本人对 Ofcom 在职能安排中本应为更广泛的、更普遍的消费者利益服务，却自作主张缩小了服务范围，将“不与通信提供商发生商业关系的人”和“无法获得相关服务的人”排除在外的不满。遗憾的是，在最终出台的《2003 年通信法》中，大量的表达仍然是“客户”而非“消费者”。以上这些案例都反映出“普遍服务”在立法和实践环节往往无法真正得到保障和实现。

## 二、传媒规制中的公共利益变动的原因及影响

### （一）报纸：新闻自由与社会责任

在表达自由、出版自由、新闻自由的理念得到普遍认同之前，英国并没有出现除报刊、书籍之外的其他传媒形态，所以新闻自由、出版自由甚至表达自由的理念一般指的是以报刊为主体的自由。前文提到，随着 19 世纪中期包括印花税、纸张税、广告税在内的“知识税”被废除，英国报刊业终于迎来了真正的“新闻出版自由”，不再受到来自政府的随意干预，不再有被煽动性诽谤法惩处的风险，施加在报刊业发展之上的大多数限制被一扫而空。经过第二次世界大战期间短暂的战时政府管控，英国报刊业随即进入行业自律监管时代，总体上只在出现新闻报道侵犯公民个人的名誉权、隐私权等问题时会通过私法途径加以解决，或者只有当报刊兼并影响到社会上流通观点的多元性时会从反垄断的层面加以限制。

这样一种提倡报刊行业自律的大环境的形成，源于长期以来形成的关于自由主义的社会共识。其中，与报刊相关的自由主义理念联系密切的是“个人主义”“功利主义”“社会契约论”，它们共同服务自由主义的价值追求，同时也正好解释了自由主义传统下的公共利益问题。其一，个人主义是构成自由主义的重要基础，主张每个人是自身利益及如何促进这些利益的最佳判断者，因此要让每个人获得选择自身目标及实现这些目标的最大自由和责任，并让其采取相应的行动，这样便可最大限度地促进每个正常成年人的利益。所以，社会和国家都是个人的集合体，公共利益是个人利益的集合，不存在超出个人的特殊利益——人们高度重视自我依靠、隐私权和对他人的尊重，同时也对权威、国家层面的控制表示怀疑和警惕。其二，功利主义论证了个人利益和社会利益的一致性。亚当·斯密（Adam Smith）强调人类的利己主义本性催生“交换”，而“交换”又引起社会分工。尽管每个人都为自己的利益考虑，但为自己的利益考虑的同时不得不考虑其他同样为自己利益考虑的人的利益，因此就产生了相互和共同的利益，通过市场机制的调节，共同推动社会利益的最大化。作为功利主义思想的集大成者，杰里米·边沁提出了所谓“功利函数”，使之变成可以计算的数值；约翰·S. 穆勒（John S. Mill）修正了边沁的功利主义思想，突出其中“最大多数人的最大幸福”的标准，即不只是以个人利益最大化为出发点，而是说经过适当的措施使总体幸福最大化，依此，国家和政府不得随意干涉个人的选择自由（只要不侵害他人），因为这可能会妨碍总体幸福的最大化实现。其三，社会契约论是一个源远流长的概念，即原初状态下的人们为避免“所有人对所有人的战争”而订立“契约”，通过各自让渡部分权利形成社会。历史上，许多学者都提出过各自的社会契约论，其中约翰·洛克通过社会契约论论证了公民权利的神圣性，指出在人们签订社会契约时，统治者由于是参与订约的一方，是从订约的人们中推选出来的，因此也要受契约限制。如果统治者不履约，人民就有权反抗，甚至推翻他们，另立新的统治者。

根据以上分析，“公共利益”在报刊的自由主义传统下实际上表现为一种免受政府干预、促进市场竞争以维护社会整体利益的利益。一方面，个人主义、社会契约论解释了为什么自由主义的传统对政府干预保持高度警惕，这是因为超出公民个人的利益是不存在的，政府或社会团体所主张的利益很可能就是他们所属的小团体、小圈子的利益，而政府的干预行为可能会影响到个人选择，从而影响到每个人最大限度地实现自己的利益。在这样一种情形下，自由主义的报刊可以通过市场机制自发地推动维护社会利益，并且可以通过自身的活动监督政府，防止其滥用公权力来损害公民个人的利益。另一方面，正如前文提到的，功利主义解释了基于个人的利益和整个社会的利益的一致性，尽管在市场上相互竞争的各家报纸出于种种自利的考虑而采取行动——包括政治上的鼓吹或商业上的盈利——但为了实现利益最大化，它们不得不顾及社会大众的利益，甚至后来逐渐发展出了“新闻专业主义”这样的职业伦理和操作规范，主张报刊独立于政府，遵循客观、公正、中立的价值原则，以服务社会大众的需要，维护其知情权、表达权等各项公民权利，从而推动民主社会的良性运转。而这一切归根到底不过是为了在市场上将作为“商品”的报刊更好地销售出去。尽管如此，也不能否定报刊的自由主义理论在推动社会进步、民主政治方面所发挥的重要作用，尤其是由自由主义理论发展而来的传媒的“社会责任理论”[1]等更是成为有关传媒应当服务公共利益的重要理论资源。

**（二）广播电视：走向公共体制与转型**

英国有着世界上最具代表性的公共广播体制，这种体制本身就是出于“公共利益”的需要而设计的，为维护“公共利益”而改革，以至于

[1] 社会责任理论旨在修正报刊界种种不负责任的表现，于20世纪40年代由美国一批学者提出，逐渐被西方大多数国家接受，从而取代自由主义报刊理论成为西方大多数国家的主导理论，更成为新闻立法、新闻政策制定和新闻工作者职业道德规范的理论依据。其具体要求包括：新闻报道必须真实、全面、理智；报刊要成为“交换评论和批评的论坛”；报刊要反映出社会各个集团的典型画面；报刊要澄清和提出社会的目标和价值观；报刊要“完全接近每日的（现实）信息”；等等。笔者注。

很难把两者截然分开。问题在于，英国的广播业为什么从一开始就走向了公共体制，后来又出于什么原因发生了变化？在变化过程中，“公共利益”本身又发生了何种变化？

首先，与“社会政治环境变化”[1]有关。其一，作为资本主义经济起步最早、发展最快的国家之一的英国在 1825 年就出现了第一次周期性的经济危机，此后每隔一段时间就出现一次[2]。这直接导致人们对长期以来占据主导地位的强调市场规律、鼓励自由竞争的古典自由主义失去了信心，尤其是不断壮大的工人阶级在面临频繁爆发的经济危机所造成的失业、贫困等问题时产生了对社会公平、平等的强烈诉求。这些都为“公共利益”注入了特定内涵。其二，在 19 世纪末 20 世纪初，英国许多重要领域都出现了设立公共委员会的做法。比如，林业、供水、电力等领域的公共委员会都成了可供参考的先例。当时，经济学家林肯·高登（Lincoln Gorden）写道：“公共委员会已经遍布所有领域，当面对任何产业或公共服务遇到困难无法有效运行时，各个党派的政治家们都会想到一个办法——设立一个委员会。”[3]随着第一次世界大战的爆发，通过公共委员会对卫生、保险、煤炭、食品等稀缺资源进行集中管制的做法得到进一步普及，人们大多认为实行集中管制是既公平又有效率的制度安排，比如威廉·贝弗里奇（William Beveridge）曾说：“在自由市场经济体制下，消费者只能买到企业提供的东西，这些东西并不是消费者

[1] 这是詹姆斯·卡伦等在比较了 BBC 起源的两种说法之后得出的结论。第一种说法认为 BBC 是约翰·瑞斯个人努力的结果，第二种说法认为 BBC 的出现纯属意外。详见卡瑞，辛顿．有权无责：英国的报纸、广播、电视与新媒体：第 7 版［M］．栾轶玫，译．北京：清华大学出版社，2016：131.

[2] 据资料记载，19 世纪英国经历的经济危机包括 1825 年经济危机、1847 年经济危机、1866 年经济危机、1873—1896 年经济危机；20 世纪以来经济危机的出现更加频繁，包括 1900 年经济危机、1907 年经济危机、1914 年经济危机、1921 年经济危机、1929—1933 年经济危机、1937—1938 年经济危机、1951—1952 年经济危机、1957—1958 年经济危机、1961—1962 年经济危机、1966 年经济危机、1971—1972 年经济危机、1973—1975 年经济危机和 1979—1982 年经济危机。21 世纪的经济危机以 2008 年席卷全球的金融危机为代表。笔者注。

[3] 转引自卡瑞，辛顿．有权无责：英国的报纸、广播、电视与新媒体：第 7 版［M］．栾轶玫，译．北京：清华大学出版社，2016：131.

最需要的，而是企业最有利可图的。市场上只有这些能给企业带来最大利润的产品。”[1]很自然地，当这种观点延伸到当时新兴的广播业时，主导政府制定政策、进行制度设计的理念就是通过建立公共委员会的形式，对稀缺的频谱资源进行集中统一的调配、管理，从而避免过去由自由竞争带来的市场失灵和外部性等负面效应。其三，正如前文提到的，在广播业发展的早期，推动最初作为私人制造商联合体的 BBC 向前发展的唯一动力是通过收音机税、执照费来获得大量利润，但是在无线电爱好者自行组装接收设备、通过种种办法逃避缴税等因素的影响下，这一愿望未能实现，广播业的发展由此陷入停滞，再加上对美国商业化的广播机制所带来的种种弊端的冷静思考，促使英国最终采用了一种公共体制。但是，随着 20 世纪 70 年代经济领域的滞胀现象越发明显，国有企业的“去管制”成为大势所趋，这种趋势很快就蔓延到 BBC，“公共利益”从过去更突出公民权利转向更强调消费者权利。

其次，还有技术方面的原因。其一，无线电频谱是一项十分稀缺的资源，尽管可以通过频率、时间、空间这三个相互关联的要素进行频率的多次复用指配来提高频率利用率，但就某一频率或频段而言，在一定的区域、一定的时间、一定的条件之下，它又是有限的。[2] 这种有限性、稀缺性逐渐成为很长一段时间内主导管理机构统一调配、管理频谱资源的依据，即所谓“稀缺论”。其背后有两大理论前提：一是虽然频谱资源归“全民所有”，但在资源稀缺的制约下，不能人人拥有频谱；二是多元观点服务公共利益。有限的频谱资源必须要求国家权力的介入，才能避免为少数人所垄断或者相互干扰。[3] 从“稀缺论”的这两个前提出发，可以得出前文所讨论的传媒规制的大部分内容。比如，第

---

[1] 转引自卡瑞，辛顿．有权无责：英国的报纸、广播、电视与新媒体：第 7 版［M］．栾轶玫，译．北京：清华大学出版社，2016：131.

[2] 朱加荣，张振伟，吴兆根，等．频谱资源的战略地位与稀缺性［J］．中国无线电，2015（1）：16.

[3] 陈映，董天策．当代欧美国家广电媒体管制正当性的消解与重建［J］．西南民族大学学报（人文社会科学版），2016，37（10）：148.

一个前提意味着广播频谱被交给代表公共利益的机构进行统一调配，将执照交给那些符合特定条件的广播机构使用的做法就具有了合理性和正当性；第二个前提意味着规制机构必须对广播机构的兼并保持高度戒备，通过鼓励竞争，强调所有权的多元化来保证观点的多样性。其二，作为一个岛国，英国的疆域面积较小，如果采取美国那种商业化的广播体制，去建立众多地方性的小型广播电台，容易导致不同频段的电波之间相互干扰，从而造成混乱。为了解决该问题，客观上要求建立一个覆盖全国的大型广播电台，对所有频谱资源进行统一调配。

然而，最初受“社会政治环境”影响走向公共体制的广播业后来同样因“社会政治环境”的变化而发生变化，这是因为经济领域的滞胀现象蔓延到了国有企业，动摇了采取公共体制的广播业的基础。同样地，最初从技术角度出发赋予规制正当性、合法性的“稀缺论”也因后来的技术变迁而发生动摇：一方面，数字压缩技术的发展大幅增加了无线电频谱的供给，使得相同频宽的频道数量大幅增加，而兼容、低干扰技术的发展大幅降低了频谱排他使用的必要性；[1]另一方面，光纤、卫星通信、互联网等技术的广泛应用丰富了公众对媒体渠道的选择，反过来削弱了基于无线电的广播电视媒体的影响。进而，人们开始反思对报纸、广播电视这两种传媒形态采用不同规制方式的原因，比如有美国学者就发出了同一份“宪法第一修正案”对报纸、广播电视分别起到不同限制效果的感慨，而这些反思直接影响到后续广播电视规制的指导理念，在此不再赘述。

### （三）网络：多重社会文化影响公共利益

区别于前面几种传媒形态主要在英国境内出现和发展，互联网源于美国，在其诞生、发展过程中的公共利益除了受到自身技术逻辑的影响外，更受到多重社会文化因素的影响：其一是 20 世纪 50 年代和 60 年代早期设计者、活动家们崇尚自由的价值观念。这从源头上推动互联网

[1] 陈映，董天策．当代欧美国家广电媒体管制正当性的消解与重建［J］．西南民族大学学报（人文社会科学版），2016，37（10）：148.

成为解放思想、信息流通的重要力量，以实现信息自由方面的公共利益。其二是冷战背景下军方、科研机构的现实需要。比如，军方要求网络系统在受到局部攻击时仍能维持整体运转，从而促使其“去中心化”；要求网络系统胜任不同军事任务，从而促使其“多样化”。而这些要求恰好与大学、科研机构的专家们期望网络能承担的、有助于学术研究方面的特点相一致，这就实现了“去中心化”的公共利益。其三是20世纪80年代的“反主流文化”，包括嬉皮士文化、共产主义文化和激进主义文化[1]，受到以马克思、毛泽东、马尔库塞（又称“3M”）为精神领袖的“新左翼”运动和试图摆脱现实社会束缚的“自由主义革命”和“新公社运动”的影响[2]。由此互联网具备了发起和组织社会运动的潜力，并进一步成为亚文化群体的精神家园，使自身得以承载维护“反抗权威”“多样性”的公共利益。其四是欧洲的公共服务传统。比如，被誉为“万维网之父”的英国人蒂姆·伯纳斯-李（Tim Berners-Lee）将自己发明的网络文件访问系统无偿贡献出来，由此人们得以免费地使用网络这一蕴含着无穷知识的公共服务。此外伯纳斯-李更从公共服务理念出发，对一些滥用网络的现象做出批评，包括网络犯罪、虚假信息散布及一些公司为网络广告收益而牺牲用户权益等[3]，如此自然就包含了“提供公共服务”的公共利益。其五是在“市场”价值观的主导下建立起的网络知识产权制度服务推动和保障市场竞争的公共利益而限制了早期提倡自由、开放、共享的网络公共服务的面向。比如，搜索引擎垄断了用户获取信息的入口，并将其注意力转卖给广告商而大发其财；又如，大型媒体公司进入网络空间后改变了原先的秩序，这也解释了前文提到的针对网络内容的规制沿用了过去针对传统媒体的既有规制方式的原因，现实情况就是网络中的活跃主体大部分是过去的大众媒体。

---

[1] 卡瑞，辛顿．有权无责：英国的报纸、广播、电视与新媒体：第7版［M］．栾轶玫，译．北京：清华大学出版社，2016：329.

[2] 王维佳．“点新自由主义”：赛博迷思的历史与政治［J］．经济导刊，2014（6）：27.

[3] 张家伟．“万维网之父”蒂姆·伯纳斯-李：用链接打开新世界［EB/OL］．（2019－03－13）［2013－06－15］．http：//www.xinhuanet.com/world/2019—03/13/c_1124231069.htm.

## 三、影响传媒规制中的公共利益的深层因素

在研究了影响英国传媒规制中的公共利益形成的直接因素之后，有必要从形而上层面探究更加深层的影响因素。我们不妨跳出传媒规制领域，在更广阔的政治、经济、社会和文化背景下去探讨影响英国传媒规制中的公共利益形成的因素，挖掘导致它变迁的、更深层的意识形态根源。

一方面，对英国别具特色的传媒规制模式的形成产生重要影响的因素大致包括“自由基因根植公民”“坚持法律至上传统与立宪制度”“倾向人文精神与经验哲学”“绅士文化影响”“媒体自身的行业改革”[1]。这为英国传媒规制的特质从历史传统中找到了对应的源头。其一，“自由基因根植公民”是说在自由主义意识形态的主导下，个人比国家更清楚自身的利益所在[2]，个人倾向于对政府的权力扩张保持高度警惕，对传媒进行规制的主要目的也是防止政府过度干预新闻自由、表达自由——这些是重要的公共利益；其二，“坚持法律至上传统与立宪制度”是说英国长期以来形成的法律至上的传统、富有实效的宪政体制成为英国媒体保持自身独立性的重要保障；其三，“倾向人文精神与经验哲学”是说英国的人文主义信奉的是一种有限的真理观，由于人仅凭自己的力量不可能穷尽全部真理，遵循生活经验及其积累所形成的传统就是有意义的，这对于形成一套渐进变化的、能够包容多样性的传媒规制体系来说至关重要；其四，“绅士文化影响”是说英国的绅士文化具有强调公平竞争及推崇理性、社会责任感和自尊自立等方面的特质，这些特质进一步影响到英国的传媒伦理、专业标准及传媒规制，其典型就是 BBC

---

[1] 李丹林．英国传媒监管形塑问题研究［J］．新闻前哨，2018（12）：14.

[2] 比如，穆勒在《论自由》一书中明确反对“家长式作风”（作为个人自治的反面）：“他本人的利益，不论是身体的还是精神的，都不能成为对他施以强制的充分理由。不能因为这样做对他更好，或能让他更幸福，或依他人之见这样做更明智或更正确，就自认正当地强迫他做某事或禁止他做某事。”详见穆勒．论自由［M］．孟凡礼，译．上海：上海三联书店，2019：10.

的理念和实践；其五，“媒体自身的行业改革”是说英国的传媒改革从第二次世界大战一直持续至今，正是在不断地积极回应社会变革和自身所暴露的问题的过程中，英国的传媒规制一步步地发展为现在的状态。

另一方面，从更一般性的意义上挖掘传媒规制变迁背后的意识形态根源，包括“对于媒介的理解”“关于国家的理念”“对人的思考”[1]——这样的划分有其道理。其一，“对于媒介的理解”是说古典自由主义、现代自由主义和新自由主义对于媒介的不同理解引起了媒介规制从提倡私人所有、自由竞争到提倡政府监管、社会责任再到提倡放松规制以维护公共利益的转变；其二，“关于国家的理念”是说古典自由主义范畴中的社会契约论提倡有限国家、有限政府，政府的职能仅仅是保护公民个人免受他人侵害，因而针对传媒的规制也是“以少为佳”，而现代自由主义主导下的传媒规制进一步朝着“权力最小、责任最大”的方向发展——当然这并不排除在特定阶段，一部分国家职能得到强化或削弱；其三，“对人的思考”是说区别于集权控制下的“臣民”，个人及其自由组织的媒介机构是市场的主体，在机会平等原则的主导下，媒介机构的活力能够被充分地激发出来。

由此可见，英国特有的意识形态、制度传统、思维方式、精神气质和专业实践对传媒规制中的公共利益产生了影响，它们从更宽泛的意义上解释了公共利益具体表现为“这样”而不是“那样”的原因。

最后，结合前文具体分析，进一步阐释影响英国传媒规制中的公共利益的形而上学因素。

其一，英国传媒规制中的公共利益对“多元化”“多样性”的要求符合经济基础决定上层建筑、社会存在决定社会意识的基本判断。一方面，传媒所有权属于生产关系范畴中生产资料归谁所有的问题，它的集中或分散将影响所生产出来的传媒内容，而传媒内容正是反映甚至构建社会生活的重要依据，能够对上层建筑产生关键性的影响；另一方面，

---

[1] 胡正荣，李继东．我国媒介规制变迁的制度困境及其意识形态根源［J］．新闻大学，2005（1）：7.

对传媒内容尤其是新闻信息、意见观点的多样性的要求本身有着深厚的理论渊源，比如约翰·弥尔顿“观点的自由市场”的经典论述、马克思《评普鲁士最近的书报检查令》中的明确昭示——究其原因，就是自由主义思想认为任何一个人都不可能穷尽全部真理，观点只有在争论中才越辩越明，而且不同观点的表达、新闻信息的自由流动有助于加深人们对共同面临的公共事务的认识，有助于消除人们的共同生活所面临的种种不确定性，有助于帮助人们基于自身的理性做出恰如其分的判断——前文提到的默多克突破反垄断法律从而“操纵民意”正是一个经典的反面案例。然而，公共利益问题的复杂性就体现在它既不能完全由垄断经营的国有企业（如 BBC）保证，也不仅仅存在于充分竞争的私营传媒公司之中（如大批量生产同质化产品的虚假繁荣问题），所以在这对矛盾关系中，是公有化成分更多还是私有化成分更多更有助于维护“多元化”“多样性”的公共利益，要依据具体情形做出具体判断，不能简单一概而论，更不存在一劳永逸的解决方案。

其二，英国传媒规制中的公共利益蕴含着对“独立”的要求。“独立”意味着传媒要避免政府的干预和控制，意味着传媒要代表公众的利益去开展自身的一切行动，这是在自由主义意识形态的主导下保障公民个人不受公权力侵害的观念的延伸。诚如阿尔伯特·V. 戴雪所论证的那样，英国传媒长期以来并不像其他国家一样享有特殊的地位，它自身包括新闻自由在内的诸多权利不过是公民的表达权、知情权的集中表现。鉴于传媒自身拥有强大的传播力、广泛的影响力，它从理论上将自己视为公共利益的代表，代表公民行使其表达权、知情权（用学术语言来解释这一过程，就是所谓“受托人理论”）。从实践层面看，这种代表地位更是在一次又一次与政府权力的竞争中逐渐得到确认的。同时，也正是在追求“独立”的过程中，传媒逐渐发展出一系列专业主义的职业伦理和操作规范，包括新闻报道必须追求事实准确、不偏不倚，广告不得以不实信息诱导消费者，淫秽色情内容必须注意在表达自由与社会公序良俗尤其是儿童和青少年健康成长之间寻求平衡，等等。这些现在都发展成为“公共利益”的具体安排，但究其根本都是传媒为避免政府的外在干预、保证自身独立地位而对自身提出的要求。对于传媒来说，“独立”本身就蕴含着重要的公共利益，其自身利益与公共利益高度统一，因此即便出现了不得不由政府出面进行规制的情形，也不能以过度损害传媒的“独立”，甚至造成“寒蝉效应”为代价。

其三，英国传媒规制中的公共利益反映了英国文化中的“底线”意识。根据研究，“不论商业化走多远，不论广播电视的立法和产业政策如何倾向于‘效益’价值，不论西方关于新闻自由、表达自由的价值如何被尊重，对广播电视内容的约束还是有其底线的”[1]。事实上，除了对广播电视内容的约束强调“底线”意识（如维护良好的品位、保护儿童和弱势群体、限制广告数量、限制淫秽色情内容等）外，“底线”意识更全面地反映在英国一切形式的传媒规制中，比如针对印刷传媒的规制、针对网络内容的规制都是如此。那么，“底线”意识从何而来？这与英国文化中占主流地位的“绅士精神”密切相连，后者源于中世纪的“骑士文化”“贵族精神”，在其后的发展中又融合了一些其他的优秀品质，比如推崇公平竞争、公民理性、社会责任、自我奋斗、道德修养等。“绅士精神”渗透到英国主流社会的各个方面，在传媒规制领域集中表现为“底线”意识。学者在探讨 BBC 独特气质的成因时，往往会从第一任总裁约翰·瑞斯的个人品质切入，比如瑞斯“是一个苏格兰工程师、卡尔文教徒，性格冷酷无情。运用垄断的残暴力量使基督教的道德观在英国深入人心”[2]；又如他也劝诫他的员工，要保持“谦逊的态度，献身于高尚的事业，为他人服务”[3]，并警告他们，“追逐名利的

[1] 李丹林．广播电视法中的公共利益研究［M］．北京：中国传媒大学出版社，2012：179.

[2] 转引自卡瑞，辛顿．有权无责：英国的报纸、广播、电视与新媒体：第 7 版［M］．栾轶玫，译．北京：清华大学出版社，2016：129.

[3] 转引自卡瑞，辛顿．有权无责：英国的报纸、广播、电视与新媒体：第 7 版［M］．栾轶玫，译．北京：清华大学出版社，2016：129.

欲望，会扼杀那些也许能够成就伟大的种子”[1]。应该说，瑞斯施加在BBC之上的特殊气质不仅有他个人的印记，更是那个时代英国社会主流精神气质的集中反映。此外，瑞斯对BBC的最初定位——“告知、教育与娱乐”作为传媒的三项最基本、最重要的公共利益要求，随着时间的流逝不断“改头换面”，但其实质并没有发生太多变化；这三项要求的适用范围也不再仅仅局限于公共服务广播电视，而是进一步扩展到一切形式的广播电视。现在，它们已经成为包括Ofcom在内的诸多传媒规制机构开展工作的主要出发点和着力点。

[1] 转引自卡瑞，辛顿．有权无责：英国的报纸、广播、电视与新媒体：第7版［M］．栾轶玫，译．北京：清华大学出版社，2016：129.

# 结 语

“人们为之奋斗的一切，都同他们的利益有关”[1]——辩证唯物史观充分揭示了“利益”在人类发展进程中所起到的根本性的、决定性的作用，它是历史的车轮辚辚向前的不竭动力：一方面，人们基于个人利益、公共利益的考量，自觉或不自觉地开展了一次次有目的的活动（包括改造人类自身、改造社会关系、改造自然等）；另一方面，人们的一切思想观念、意识形态无不在反映特定的利益关系。马克思在探讨法国革命的根本动因时指出：“‘思想’一旦离开‘利益’，就一定会使自己出丑。……资产阶级在1789年革命中的利益决不是‘不成功的’，它‘压倒了’一切，并获得了‘实际成效’……这种利益是如此强大有力，以至顺利地征服了马拉的笔、恐怖党的断头台、拿破仑的剑，以及教会的十字架和波旁王朝的纯血统。”[2]鉴于“利益”概念本身的相对性、宽泛性，马克思对“利益”的认知实际上已经突破了“公”与“私”的二元对立，进一步揭示了“个人利益”与“公共利益”的内在统一性，比如他曾引用爱尔维修的话：“人并不邪恶，但却是服从于自己的利益的。因此，应该抱怨的不是人的劣根性，而是那些总是把私人利益和公共利益对立起来的立法者的无知。”[3]马克思还提道：“共产主义理论家，他们的突出的地方正在于：只有他们才发现了‘共同利益’在历史上任何时候都是由作为‘私人’的个人造成的。他们知道，这种对立只是表面的，因为这种对立的一面即所谓‘普遍的’一面总是不断地由另

[1] 马克思，恩格斯．马克思恩格斯全集：第一卷［M］．2版．北京：人民出版社，1995：187.
[2] 马克思，恩格斯．马克思恩格斯全集：第二卷［M］．北京：人民出版社，1957：103.
[3] 转引自马克思，恩格斯．马克思恩格斯全集：第二卷［M］．北京：人民出版社，1957：169.

一面即私人利益的一面产生的，它决不是作为一种具有独立历史的独立力量而与私人利益相对抗，所以这种对立在实践中总是产生了消灭，消灭了又产生。”[1]总之，辩证唯物史观认为，“利益”是推动历史前进的动力，而且“公共利益”与“私人利益”之间的对立统一关系，必将随着过去由物质决定的生存方式的消灭而走向消亡。

将以上辩证唯物史观的基本结论与本研究结合来看，“公共利益”不但是贯穿英国传媒规制的一条主线，其发展变化本身也推动了英国传媒规制的发展变化，这正是本研究的基本结论：一方面，公共利益构成了英国传媒规制的正当性、合法性基础；另一方面，公共利益又对英国传媒规制的各项安排提出了具体要求。

再简单回顾一下本研究的内容。本研究的主题是英国传媒规制中的公共利益，通过各章节的梳理和分析，试图回应三个中心问题：如何在更抽象的理论脉络中找到英国传媒规制中公共利益的定位？在英国不同时期的传媒规制中，公共利益这张“普洛透斯的脸”具体表现为什么，前后发生了哪些变化？在网络环境中，英国传媒规制中的公共利益是如何被继承和维护的？

其一，为了对复杂、多样的公共利益进行更有效的界定，除了根据规范性文本和专业实践进行归纳总结外，本研究还从抽象的理论层面对公共利益进行了定位。“功利主义”是计算公共利益的最重要、最可行的方案之一，但是回避了公共利益的价值取向问题。公共利益也可从作为“公共理性”与“多元利益博弈”过程的结果加以关照，作为规制主体的法庭可以通过必要原则、开放原则、机会均等原则、公共服务原则、分担损失原则等技术性方式来把握公共利益。“公共选择理论”从两个方面展现了它与公共利益的关系：一是从“经济人”的角度揭示了政治家、政府官员出于个人利益最大化的考虑而鼓吹的“公共利益”很可能就是他们自己的特殊利益；二是公共选择的个人主义根基决定了公

---

[1] 马克思，恩格斯．马克思恩格斯全集：第三卷［M］．北京：人民出版社，1960：275-276.

共利益必须是个人利益的总和，不存在个人利益总和之外的公共利益。在“公共利益”的概念中加入“合作”因素，比如埃德加·博登海默将公共利益视为“社会通过个人的合作而生产出来的事物价值的总合”，尤尔根·哈贝马斯将“团结”作为自由主义、共和主义之外的“第三种社会一体化的源泉”。在“公共利益”的概念中加入特定的“价值负载”因素，可以使它在规制语境中更加突出公民身份（相对于消费者身份），使它更好地服务死板生硬的法律条文，使它与变动中的当代价值进行融合或相抵制，从而在终极意义上服务民主政治。

其二，19 世纪之前英国传媒规制中的公共利益主要表现为维护统治秩序；19 世纪到 20 世纪 70 年代英国传媒规制中的公共利益主要表现为维护公民利益；20 世纪 70 年代到 2010 年代英国传媒规制中的公共利益主要表现为维护消费者利益。但是，必须指出的是，公共利益的内涵在历史进程中是渐进变化的，前后之间是有交叉、反复的，而且特定时期主导的公共利益之外的公共利益同样属于公共利益。

其三，在网络环境中，英国传媒规制中的公共利益得到了坚持和维护，具体表现为公共利益作为一种主导价值向网络环境中的传媒规制主体赋予其存在和行为的正当性、合法性依据，并且向依托网络的不同传媒形态提出了不同的公共利益要求，由此形成了“自我规制”“共同规制”“法定规制”三种规制机制并行的局面。针对网络环境中不同的传媒内容，公共利益更是分别提出了不同的要求：针对新闻的要求主要包括“新闻自由”“适当的公正性”“适当的准确性”“不被错误陈述误导”等，主要集中在对“平衡”“事实”的强调上；针对广告的要求主要包括“激发广告企业的社会责任感”“维持消费者对广告的信心”“营造公平的竞争环境”及对事实准确性的要求和对未成年人的特殊保护要求等；针对淫秽色情内容的要求主要包括“表达自由、文学艺术创作和未成年人保护之间的权衡”及“淫秽色情的程度和类型及其呈现形式”“任何商业企业的类型和规模”“是否向儿童发表，或者是否有可能向儿童发表”等。

正如本书序言所提出的，无论是在思想领域、学术研究领域，还是在社会实践领域，“公共利益”一词所指称的观念、思想、制度、规则、活动等对人类社会、人类命运所产生的影响或许是最为重要、最为广泛的。由此，以“公共利益”为抓手，研究作为世界传媒业标杆的英国传媒业，特别是研究为它“保驾护航”的传媒规制，其重要性不言而喻。通过对英国传媒规制中的公共利益演化的历时性考察，以及对公共利益如何影响当代英国传媒规制机制、规制手段、内容标准的横截面分析，本书尽可能回答了公共利益的价值指向、现实功能、存在形态、变化动因、影响因素等问题。受限于本人所掌握的材料与研究能力、表达水平，一些预期目标没能完全实现，这也给本人和其他学者继续探索留下了空间，相信未来还能形成更多有益的认识和见解。

# 参考文献

## 专　著

1. 亚里士多德. 政治学 [M]. 吴寿彭, 译. 北京: 商务印书馆, 1981.

2. 潘恩. 潘恩选集 [M]. 马清槐, 等译. 北京: 商务印书馆, 1982.

3. 洛克. 政府论: 下篇 [M]. 叶启芳, 瞿菊农, 译. 北京: 商务印书馆, 1996.

4. 罗素. 自由之路 [M]. 李国山, 等译. 北京: 文化艺术出版社, 1998.

5. 阎照祥. 英国政治制度史 [M]. 北京: 人民出版社, 1999.

6. 博登海默. 法理学: 法律哲学与法律方法 [M]. 邓正来, 译. 北京: 中国政法大学出版社, 1999.

7. 哈耶克. 法律、立法与自由: 第二、三卷 [M]. 邓正来, 张守东, 李静冰, 译. 北京: 中国大百科全书出版社, 2000.

8. 边沁. 道德与立法原理导论 [M]. 时殷弘, 译. 北京: 商务印书馆, 2000.

9. 戴雪. 英宪精义 [M]. 雷宾南, 译. 北京: 中国法制出版社, 2001.

10. 史蒂文森. 认识媒介文化: 社会理论与大众传播 [M]. 王文斌, 译. 北京: 商务印书馆, 2001.

11. 唐士其. 西方政治思想史 [M]. 北京：北京大学出版社，2002.

12. 魏永征，张咏华，林琳. 西方传媒的法制、管理和自律 [M]. 北京：中国人民大学出版社，2003.

13. 基恩. 媒体与民主 [M]. 郤继红，刘士军，译. 北京：社会科学文献出版社，2003.

14. 哈贝马斯. 在事实与规范之间：关于法律和民主法治国的商谈理论 [M]. 童世骏，译. 北京：生活·读书·新知三联书店，2003.

15. 登哈特. 新公共服务：服务，而不是掌舵 [M]. 丁煌，译. 北京：中国人民大学出版社，2004.

16. 卡瑞，辛顿. 英国新闻史 [M]. 栾轶玫，译. 北京：清华大学出版社，2005.

17. 卡伦. 媒体与权力 [M]. 史安斌，董关鹏，译. 北京：清华大学出版社，2006.

18. 库兰，古尔维奇. 大众媒介与社会 [M]. 杨击，译. 北京：华夏出版社，2006.

19. 聂露. 论英国选举制度 [M]. 北京：中国政法大学出版社，2006.

20. 许纪霖. 公共性与公民观 [M]. 南京：江苏人民出版社，2006.

21. 莱兰，安东尼. 英国行政法教科书：第5版 [M]. 杨伟东，译. 北京：北京大学出版社，2007.

22. 伯顿. 媒体与社会：批判的视角 [M]. 史安斌，主译. 北京：清华大学出版社，2007.

23. 李继东. 英国公共广播政策变迁与问题研究 [M]. 北京：中国传媒大学出版社，2007.

24. 金冠军，郑涵. 当代传媒制度变迁 [M]. 上海：上海三联书店，2008.

25. 张千帆. 宪法学导论 [M]. 2版. 北京：法律出版社，2008.

26. 魏建国. 多维视野下：英国法治秩序生成的深层解读 [M]. 哈

尔滨：黑龙江大学出版社，2009.

27. 斯巴克斯. 全球化、社会发展与大众媒体［M］. 刘舸，常怡如，译. 北京：社会科学文献出版社，2009.

28. 麦奎尔. 麦奎尔大众传播理论：第五版［M］. 崔保国，李琨，译. 北京：清华大学出版社，2010.

29. 张咏华，何勇，郝进平，等. 西欧主要国家的传媒政策及转型［M］. 上海：上海人民出版社，2010.

30. 何勇. 德国公共广播电视研究［M］. 北京：中国传媒大学出版社，2010.

31. 穆勒. 论自由［M］. 孟凡礼，译. 桂林：广西师范大学出版社，2011.

32. 休谟. 英国史 3：都铎王朝早期［M］. 刘仲敬，译. 长春：吉林出版集团有限责任公司，2012.

33. 哈林，曼奇尼. 比较媒介体制［M］. 陈娟，展江，等译. 北京：中国人民大学出版社，2012.

34. 李丹林. 广播电视法中的公共利益研究［M］. 北京：中国传媒大学出版社，2012.

35. 黄春平. 西方传媒内容监管机制的历史考察［M］. 北京：社会科学文献出版社，2012.

36. 顾肃. 自由主义基本理念［M］. 修订本. 南京：译林出版社，2013.

37. 王伟亮. 负责任报道与媒体特权免责的平衡：论英国诽谤法中特权免责对我国的启示［M］. 北京：中国政法大学出版社，2013.

38. 柯兰，芬顿，弗里德曼. 互联网的误读［M］. 何道宽，译. 北京：中国人民大学出版社，2014.

39. 卢梭. 社会契约论［M］. 黄小彦，译. 南京：译林出版社，2014.

40. 陈力丹，董晨宇. 英国新闻传播史［M］. 北京：人民日报出版社，2015.

41. 卡瑞，辛顿. 有权无责：英国的报纸、广播、电视与新媒体：第 7 版 [M]. 栾轶玫，译. 北京：清华大学出版社，2016.

42. 李杉. 中国传媒产业规制及其演进研究 [M]. 北京：中国传媒大学出版社，2017.

43. 刘必华. 转型社会中的大众传媒与公共利益 [M]. 北京：中国传媒大学出版社，2017.

44. 斯丹迪奇. 社交媒体简史：从莎草纸到互联网 [M]. 林华，译. 北京：中信出版社，2019.

45. 波特. 普通法简史 [M]. 武卓韵，译. 北京：北京大学出版社，2022.

46. 李丹林，周丽娜，韩新华，等. 英国传媒监管研究 [M]. 北京：中国传媒大学出版社，2022.

47. FEINTUCK M. 'The public interest' in regulation [M]. New York: Oxford University Press, 2004.

48. HITCHENS L. Broadcasting pluralism and diversity: a comparative study of policy and regulation [M]. Oxford: Hart Publishing, 2006.

49. FEINTUCK M, VARNEY M. Media regulation, public interest and the law [M]. 2nd ed. Edinburgh: Edinburgh University Press, 2006.

50. HARRISON J, WOODS L. European broadcasting law and policy [M]. New York: Cambridge University Press, 2007.

51. SEATON J. 'Pinkoes and traitors': the BBC and the nation, 1974 - 1987 [M]. London: Profile Books, 2015.

52. MORRISON J. Essential public affairs for journalists [M]. 7th ed. Oxford: Oxford University Press, 2021.

## 学位论文

1. 夏倩芳. 公共利益与广播电视规制：以美国和英国为例［D］. 武汉：武汉大学，2006.

2. 施春强. 英美诽谤法的历史发展［D］. 上海：华东政法学院，2007.

3. 房德玖. 公共利益问题探究：从公共理性的视角看［D］. 天津：南开大学，2010.

4. 朱文雁. 论英国对诽谤的法律规制［D］. 济南：山东大学，2012.

## 期刊论文

1. 张健. 布坎南与公共选择理论［J］. 经济科学，1991（2）：70－75.

2. 孙笑侠. 论法律与社会利益：对市场经济中公平问题的另一种思考［J］. 中国法学，1995（4）：53－61.

3. 赵月枝. 公众利益、民主与欧美广播电视的市场化［J］. 新闻与传播研究，1998（2）：25－44，95－96.

4. 李培林. 理性选择理论面临的挑战及其出路［J］. 社会学研究，2001（6）：43－55.

5. 方福前. “经济人”范式在公共选择理论中的得失［J］. 经济学家，2001（1）：88－95.

6. 霍尔. “意识形态”的再发现：在媒介研究中受抑制后的重返［J］. 杨蔚，译. 媒介批评，2005（1）：170－206.

7. 胡锦光，王锴. 论公共利益概念的界定［J］. 法学论坛，2005，20（1）：10－14.

8. 张千帆. “公共利益”是什么?：社会功利主义的定义及其宪法上的局限性 [J]. 法学论坛，2005，20 (1)：28-31.

9. 韩大元. 宪法文本中“公共利益”的规范分析 [J]. 法学论坛，2005，20 (1)：5-9.

10. 胡正荣，李继东. 我国媒介规制变迁的制度困境及其意识形态根源 [J]. 新闻大学，2005 (1)：3-8.

11. 楼利明. 论公共利益：一种哲学式的诠释 [J]. 浙江学刊，2007 (4)：140-143.

12. 李良荣. 论中国新闻改革的优先目标：写在新闻改革30周年前夕 [J]. 现代传播 (中国传媒大学学报)，2007 (4)：1-3.

13. 李良荣，李彩霞. 守住底线：论新闻界的三次反思 [J]. 新闻大学，2008 (1)：44-48.

14. 孟艳. 当代社会民主党应对媒体社会的策略分析 [J]. 科学社会主义，2009 (2)：140-144.

15. 赵立行. “限制”还是“促进”：特许状与欧洲中世纪商业 [J]. 历史研究，2009 (6)：101-113，191.

16. 阮守武. 公共选择理论的方法与研究框架 [J]. 经济问题探索，2009 (11)：1-7.

17. 喻国明，苏林森. 中国媒介规制的发展、问题与未来方向 [J]. 现代传播 (中国传媒大学学报)，2010 (1)：10-17.

18. 张春华. 传媒体制、媒体社会责任与公共利益：基于美国广播电视体制变迁的反思 [J]. 国际新闻界，2011，33 (3)：58-64.

19. 赵月枝. “窃听门”与自由主义新闻体制的危机 [J]. 文化纵横，2011 (5)：118-122.

20. 沈正赋. 西方新闻自由的理想王国与现实图景：从英国《世界新闻报》“窃听门”事件谈起 [J]. 当代传播，2011 (5)：8-10，13.

21. 姜飞. “窃听门”事件对世界传媒秩序的冲击 [J]. 红旗文稿，2011 (15)：34-36.

22. 蔡斐. 2011 年新闻传播法研究综述 [J]. 国际新闻界，2012，34 (1)：19－23.

23. 李丹林. 媒介融合时代传媒管制问题的思考：基于“公共利益”原则的分析 [J]. 现代传播（中国传媒大学学报），2012，34 (5)：10－14.

24. 李韧.《查泰莱夫人的情人》：50 多年前的一桩言论自由案 [J]. 新闻界，2012 (15)：76－80.

25. 陈涛. 主权者：从主人到代表者：霍布斯的主权理论的发展 [J]. 北大法律评论，2013，14 (2)：308－343.

26. 杨保军，雒有谋. 新闻学视野中的公共利益 [J]. 新闻记者，2013 (3)：32－38.

27. 燕道成. 公共利益：传媒伦理的价值诉求 [J]. 理论导刊，2014 (1)：79－81，84.

28. 邓芳芳. 公共服务与商业利益能否平衡?：BCC 改革的可借鉴性研究 [J]. 新闻传播，2014 (2)：269－270.

29. 李丹林，范丹丹. 论英国网络安全保护和内容规制 [J]. 中国广播，2014 (3)：50－54.

30. 孟广林. “王在法下”的浪漫想象：中世纪英国“法治传统”再认识 [J]. 中国社会科学，2014 (4)：182－203，208.

31. 王维佳. “点新自由主义”：赛博迷思的历史与政治 [J]. 经济导刊，2014 (6)：25－36.

32. 朱加荣，张振伟，吴兆根，等. 频谱资源的战略地位与稀缺性 [J]. 中国无线电，2015 (1)：16－17.

33. 李丹林. 英国新时期报刊业监管改革研究 [J]. 南京社会科学，2015 (2)：111－117.

34. 李丹林. “公共利益”、“新闻自由”与“IPSO”：英国报刊业监管改革核心问题述评 [J]. 现代传播（中国传媒大学学报），2015，37 (8)：31－37.

35. 沈祖炜. 撒切尔的英国国企改革 [J]. 世纪，2016 (3)：1.

36. 李丹林. 互联网革命、宪法文化与传媒监管 [J]. 现代传播(中国传媒大学学报)，2016，38 (9)：51-55.

37. 陈映，董天策. 当代欧美国家广电媒体管制正当性的消解与重建 [J]. 西南民族大学学报 (人文社会科学版)，2016，37 (10)：147-152.

38. 王伟亮. 英国《2013 年诽谤法》公共利益抗辩之考察：历史、规则与适用 [J]. 新闻与传播评论，2017 (1)：81-111.

39. 李丹林. 传媒法治、现代化转型与文化变革 [J]. 南京社会科学，2017 (4)：105-112.

40. 罗斌. 传播侵害公共利益维度下的“英烈条款”：《民法总则》第一百八十五条的理解与适用 [J]. 学术论坛，2018，41 (1)：84-90.

41. 李希光，吴艳梅. “后真相”时代的事实核查新闻：发展与局限 [J]. 全球传媒学刊，2018，5 (2)：52-75.

42. 周书环. 英国对网络淫秽色情传播的规制体系研究 [J]. 西南政法大学学报，2018，20 (2)：82-93.

43. 李丹林，曹然. 以事实为尺度：网络言论自由的界限与第三方事实核查 [J]. 南京师大学报 (社会科学版)，2018 (4)：46-52.

44. 李丹林. 英国传媒监管形塑问题研究 [J]. 新闻前哨，2018 (12)：14-15.

45. 彭增军. “创可贴”还是“灵芝草”：非营利新闻能拯救新闻业吗？[J]. 新闻记者，2019 (2)：46-50.

46. 李延枫. 网络媒体条件下公共言论的特殊保护：从身份到公共利益 [J]. 河北法学，2019，37 (3)：79-89.

47. 曹然，徐敏. 公共利益：英国传媒规制的一条主线 [J]. 苏州大学学报 (哲学社会科学版)，2020，41 (1)：162-171.

48. 田德文. 修正新自由主义：英国政府新战略研究 [J]. 欧洲研究，2020，38 (6)：110-134，8.

49. BURGELMAN J-C. Regulating access in the information society: the need for rethinking public and universal service [J]. New Media & Society, 2000, 2 (1): 51-66.

50. FLOOD C G, HUTCHINGS S, MIAZHEVICH G, et al. Between impartiality and ideology: the BBC's paradoxical remit and the case of Islam-related news [J]. Journalism Studies, 2011, 12 (2): 221-238.

51. SCHNEIDER F. CAP publishes 'online remit update' [J]. Journal of Direct, Data and Digital Marketing Practice, 2015 (16): 230-232.

52. VAN CUILENBURG J, MCQUAIL D. Media policy paradigm shifts: towards a new communications policy paradigm [J]. European Journal of Communication, 2003, 18 (2): 181-207.

## 主要参考官方网站

1. 英国政府官网（https://www.gov.uk/）。

2. 英国广播公司（BBC）官网（https://www.bbc.com/）。

3. 独立报业标准组织（IPSO）官网（https://www.ipso.co.uk/）。

4. 独立报业监管组织（Impress）官网（https://www.impressorg.com/）。

5. 通信办公室（Ofcom）官网（https://www.ofcom.org.uk/）。

6. 互联网观察基金会（IWF）官网（https://www.iwf.org.uk/）。

7. 家庭在线安全协会（FOSI）官网（https://www.fosi.org/）。

8. "完整事实"（Full Fact）官网（https://fullfact.org/）。

9. 广告标准局（ASA）和广告实践委员会（CAP）官网（https：//www. asa. org. uk/）。

10. “媒体多元化组织”（Media Diversified）官网（https：//mediadiversified. org/）。

## 英国法律及规范性文件

1.《1534 年至尊法案》(Act of Supremacy 1534)

2.《1538 年公告》(Proclamation of 1538)

3.《1586 年星法院法令》(Star Chamber Decree 1586)

4.《1643年印刷品规制条例》(Ordinance for the Regulating of Printing 1643)

5.《1792 年福克斯诽谤法》(Fox's Libel Act 1792)

6.《1843 年坎贝尔勋爵诽谤法》(Lord Campbell's Libel Act 1843)

7.《1904 年无线电法》(Wireless Telegraphy Act 1904)

8.《1955 年儿童和青少年（有害出版物）法》[Children and Young Persons (Harmful Publications) Act 1955]

9.《1959 年淫秽出版物法》(Obscene Publications Act 1959)

10.《1973 年公平交易法》(Fair Trading Act 1973)

11.《1974年防止恐怖主义（暂行规定）法》[Prevention of Terrorism (Temporary Provisions) Act 1974]

12.《1974 年职业健康与安全法》(Health and Safety at Work etc. Act 1974)

13.《1981 年藐视法庭法》(Contempt of Court Act 1981)

14.《1984 年录像制品法》(Video Recordings Act 1984)

15.《1986 年公共秩序法》(Public Order Act 1986)

16.《1989 年官方机密法》(Official Secrets Act 1989)

17.《1996 年诽谤法》(Defamation Act 1996)

18.《2002 年企业法》(Enterprise Act 2002)

19.《2003 年通信法》(Communications Act 2003)

20.《2008 年刑事司法和移民法》(Criminal Justice and Immigration Act 2008)

21.《2013 年诽谤法》(Defamation Act 2013)

22.《编辑执业守则》(Editor's Code of Practice)

23.《广播电视守则》(TV and Radio Broadcasting Codes)

24.《英国广告实务守则》(British Code of Advertising Practice)

25.《公民权利及政治权利国际公约》(International Covenant on Civil and Political Rights)

26.《保护人权与基本自由公约》(Convention for the Protection of Human Rights and Fundamental Freedoms)

# 附　录

当传媒规制中主张“公共利益”的主体是国家时，其所监督的传媒机构的经营、报道行为一般不超出一国的范围。在国际传播的情形中，境外媒体设立在本国的分支机构，其经营、报道行为同样受到主权国家的限制。在英国，通信办公室（Ofcom）等主体依法对其管辖范围内的传媒机构进行约束，当然也包括境外媒体的分支机构。在此种情况下，规制行为所涉及的内容标准如何反映“公共利益”的要求？作为规制出发点和落脚点的“公共利益”到底指向了谁的“公共利益”？

针对以上问题，笔者与李丹林教授合著的发表于《传媒观察》2022年第4期的文章《“适当公正性”原则在英国广播电视监管中的适用逻辑及争议——以Ofcom针对CGTN相关节目的调查处理为例》做出了一定回应。有同人评价道：“文章问题意识明确，理论和实践价值高。建议考虑，在国际问题上应用基于一国语境形成的规则，是否能让有关方面都适应和满意。问题的关键或许不在于找出应对措施，而在于指出这一规则、体系本身的地方性特征以及在国际范围内进行一般化的不合理性。”[1]这些建议为今后继续深化研究提供了思路。

[1] 中传传播研究院. 学术速递｜分论坛三“国际传播与文化强国”研讨综述［EB/OL］.（2021-10-05）［2023-04-20］. https：//mp. weixin. qq. com/s/jFqmvjCMYtn3_Q08ZpIO_A.

# “适当公正性”原则在英国广播电视监管中的适用逻辑及争议[1]

## ——以 Ofcom 针对 CGTN 相关节目的调查处理为例

曹 然 李丹林

**【摘　要】** 在媒体融合背景下，英国通信办公室（Ofcom）成为在传播领域拥有广泛监管职权和职责的机构，这在各国都不多见。英国针对信息传播领域的监管，除了议会的立法外，还有 Ofcom 制定的《广播电视守则》。本文通过考察 Ofcom 适用《广播电视守则》进行监管的过程，特别是有关《广播电视守则》中“适当公正性”要求的监管案例，研究英国广播电视领域的立法和执法问题，进一步思考我国在提升国际传播能力建设进程中如何防范法律风险，并提出操作性建议。

**【关键词】** 通信办公室；中国国际电视台；广播电视监管；适当公正性；国际传播

本文选取英国传媒监管机构——通信办公室（Office of Communications，Ofcom）在 2020 年到 2021 年这段时间内，针对中国国际电视台（China Global Television Network，CGTN）及其牌照持有者星空华文传媒有限公司（Star China Media Limited，SCML），以其制作、播出的节目违反《1990 年广播法》（*Broadcasting Act 1990*）、《2003 年通信法》（*Communications Act 2003*）和《广播电视守则》（*Broadcasting Code*）等相关规定，特别是《广播电视守则》中的“适当公正性”（due impartiality）原则并予以处罚的事例作为观察对象，研究英国传媒立法和监管的具体规定及英国的传媒法律环境，为我国未

[1] 本文为中国传媒大学 2021 年国际传播与国别区域研究专项“五眼联盟之英国、澳大利亚、加拿大传播政策”（CUC21GB004）、2020 年教育部人文社会科学研究青年基金项目“网络社群中非理性社会行动的媒介动员机制及引导路径研究”（20YJC860033）的研究成果。为与本书正文内容保持一致，对文中部分表述做了一定修改和完善。

来更好地进行国际传播、应对国际传播过程中的法律风险提供知识基础和应对策略。

## 一、“适当公正性”原则的功能与演变

在英国传媒及其监管史上，“公正性”要求的提出、沿革与广播电视媒体息息相关。最初，英国广播公司（BBC）首任总裁约翰·瑞斯（John Reith）提出了“公正性”原则。他认为只要符合“公正性”的要求，广播服务就应该被允许报道重要事务和观点。因广播拥有影响公共舆论的能力，人们担心其引发社会动荡，这时“公正性”又被BBC用于自我辩护。1955年，独立电视台（ITV）的成立打破了BBC对新闻广播的垄断格局，政府要求ITV必须提供具有“适当准确性和公正性”的新闻，这种要求适用于有关政治的、产业的争议或公共政策的事务的节目。在BBC和ITV双头垄断格局之下，仍有必要防止只反映单方面意见的、具有潜在误导性的节目。①

到了20世纪中后期，“公正性”作为一项针对广播电视机构的要求被继续秉持，这既是对BBC的要求，也是对所有其他广播电视机构的要求。英国《2003年通信法》生效之后，依据该法成立的、对通信领域拥有全面监管权力的独立监管机构——Ofcom制定了《广播电视守则》。这一守则适用于受Ofcom监管的所有广播电视机构。在最早的2005年版本中，《广播电视守则》就对“适当公正性”的内涵做出了明确规定，包括一切形式的新闻都必须遵循“适当公正性”和“适当准确性”原则的要求，以及“公正性”意味着不能偏袒一方，“适当公正性”意味着（内容的呈现）对于节目的主题或性质是“充分”（adequate）或“合适”（appropriate）的，等等。②

《广播电视守则》自出台以来经历了数次修订，但关于“适当公正性”原则的内容并未发生很大改变。③然而，在实际应用中，广播电视机构如何把握这一原则，社会和监管部门如何对广播电视机构在新闻播报中遵循这一原则的情况进行监督，并不是一件容易的事情。比如，

BBC新闻研究院（BBC Academy）对“公正性”的理解是：“公正性要求一名记者积极地探索和重视在一切议题上的有关争议，并且以公正的、不带有个人偏见的方式将它们呈现出来。”④同时，BBC新闻研究院也承认“公正性”是一项复杂的要求，只有随着时间的推移才可能实现。⑤

在英国社会和学界，该国传媒及其监管中“公正性”“适当公正性”问题也同样得到长期的讨论和研究。综观英国社会和学界对“公正性”“适当公正性”的理解，2010年之前，对传媒的“公正性”的定义处于相对简单、机械的层面。比如，“公正性”意味着平衡资源的选择和使用以反映不同的观点，并且中立地呈现新闻——观点与事实分离，避免价值判断或情绪化的语言和图像；⑥公正报道通常被定义为是中立的，客观报道则是对可被验证的事实的报道。⑦2010年之后，英国学界、业界围绕“公正性”“适当公正性”的讨论逐渐深入并达成共识，即“公正性”不应该被简单地转化为对辩论、议题中具有竞争性的方面予以数量的平衡，各方面不再被视为绝对的对等，而是受到多方面因素的影响。一方面，对“公正性”“适当公正性”的理解受到政治环境的影响，伴随着政治环境的不断变化，英国广播电视机构中的讽刺作家和新闻工作者时刻面临着重新定义“适当公正性”中的“适当”的挑战。由于英国讽刺类电视新闻节目具有监督功能，因此可能进一步削弱更多受众对“适当公正性”原则的信任。⑧另一方面，对“公正性”“适当公正性”的理解还受到媒体环境的影响。在传统媒体时代，BBC最初的公正性身份意味着独立于外部政治和商业影响，提供高质量的新闻报道，因此内容质量、独立性、公众性定义了它的公正性。而在社交媒体环境中，关键词验证、语境化、开放性对于定义BBC的公正性则具有了重要意义。⑨

对于作为广播电视机构在实际运作中必须遵循的“公正性”“适当公正性”原则，相关规范性文件的解释是理解其意义的权威依据。Ofcom发布的《广播电视守则》的每一个版本中都有对“公正性”“适当公正性”的规定条款，这些体现在《广播电视守则》的第5.1条[10]、第5.11条[11]和第5.12条[12]等条款中。同时，为了帮助人们更好地理解和遵守这一规则，在Ofcom制定的《指南与注释》（*Guidance Notes*）中还有更为具体的要求。不过，尽管这些更具体的规定、更详细的解释是为了更好地实现“适当公正性”，但是由于在判断是否符合“适当公正性”要求时加入了太多需要考虑的因素，这样反而让广播电视机构更难以把握对“适当公正性”的判断，使之相对于以往具有更大的不确定性。

鉴于“适当公正性”原则本身的不确定性，英国学界也经常对该国传媒及其监管中“适当公正性”的具体适用进行观察和分析。比如，有学者考察了在脱欧公投期间，“公正性”原则是否被广播电视机构以“超常的方式”投入实践，结果发现议题、行动者之间的二元平衡受到政党政治观点的影响。同时，独立专家的分析和证据会被卷入“去—留”的党派性的二元对立，而记者并不愿意挑战各种声明，或者将各种声明置于特定语境之中。记者们被广播电视机构采取的、关于公正性的操作化定义限制了。[13]又如，对伊斯兰主题的报道突显了BBC的公共广播服务在其职责范围要求上的矛盾。作为公共服务广播机构，其职责规定新闻报道遵循公正性、公平性和平衡性要求，但其新闻报道同时必须符合英国社会特有的公民价值观，然而后者在意识形态上并非中立。在此背景下，如何在标榜“适当公正性”的新闻中传达自由主义的意识形态就成了问题。[14]再如，“公正性”原则是对广播电视机构的要求，但是在媒体融合环境中，音频、视频报道与传统电视和广播节目一样可以在网上获得，而网络上的视听新闻也有很多源于传统报业机构，但报纸从未像广播电视一样在法律上受到“公正性”原则的限制。[15]

## 二、适用“适当公正性”原则的具体判例与相关争议

当这一意义模糊、难以把握的“适当公正性”原则，被Ofcom无差别地施加在一切涉及“主要的政治和产业争议”和“与当前公共政策

相关的事件”的广播电视节目上时，自然地引发了许多争议，特别是这种原则不但适用于英国国内的BBC、ITV和Channel 4、Channel 5等公共广播电视机构，也适用于天空新闻（Sky News）和持有英国牌照的外资频道的输出机构。后者引发的争议更多。纵观Ofcom的监管实践，它曾经多次以违背“适当公正性”原则为依据处罚广播电视机构，被处罚的广播电视机构既包括单纯的英国广播电视机构，也包括具有他国资本背景的广播电视机构。比如，波罗的海媒体联盟有限公司在5年内6次被Ofcom认为违背“适当公正性”；talkSPORT体育广播电台有21次违背《广播电视守则》的记录，包括2次违背“公正性”和2次违背“与竞选报道有关的公正性”。RT[16]自2012年以来有14次违背《广播电视守则》的记录，包括8次违背“公正性”和1次违背“与竞选报道有关的公正性”。[17]其中也包括对具有中资背景的CGTN的处罚。

Ofcom在2020年5月26日公布的第403期《广播与点播公告》中，列举了CGTN在2019年8月11日至11月21日播出的新闻节目中总共5次违背“适当公正性”要求的情形[18]，分别是2019年8月11日17时、26日08时、31日07时和9月2日16时播出的The World Today节目，以及11月21日12时15分播出的China 24节目（内容均是关于“香港修例风波”的报道）。2021年3月8日，Ofcom做出了裁决，以CGTN在上述节目中“未能保持适当公正性”对其处以125 000英镑的罚款。[19]鉴于CGTN是我国对外传播的重要媒体，我们需要从英国国内法的角度研究清楚这一事例的相关实体法律规范、英国传媒监管机构对“适当公正性”原则的具体适用情况及对问题处理的程序。

### （一）Ofcom针对广播电视节目适用《广播电视守则》的处理程序

根据英国《2003年通信法》、《广播电视守则》（以下简称《守则》）和《公正和隐私投诉的审议和裁决程序》[20]（以下简称《程序》）的相关规定，Ofcom是行使传媒监管职权的法定机构。Ofcom行使监管职权，针对违反《守则》的情形的处理，有两种启动模式：第一种启动模式（通常情况）是Ofcom根据相关投诉启动对被投诉问题的处理；

第二种启动模式是 Ofcom 在没有收到投诉的情形下，直接启动处理程序，主动对某个监管对象采取相关处理措施，这涉及所谓“例外情形”。《程序》对不通过受理“受到影响者”或“得到授权代表他人者”的投诉而直接启动调查程序的例外情形做出了规定。这些程序规则也都会通过一定的方式（如网站等）向社会公开。

在第一种启动模式下，当公众或其他主体对广播电视机构播放的节目进行投诉时，Ofcom 会对接到的投诉进行初步处理。处理结果大致分为三种情形：一是通过初步核查认为不构成违法，不接受投诉；二是接受投诉，并要求广播电视机构做出相关陈述；三是接受投诉后发起调查，在调查的基础上做出最终裁决。[21]

在第二种启动模式下，由于“例外情形”的存在，即使没有收到投诉，Ofcom 也可以主动启动调查程序。由此，“例外情形”指什么就是非常重要的问题。因为只有判断“例外情形”确实存在，Ofcom 才能主动启动调查程序。如果不存在“例外情形”而主动启动调查程序，可能会因损害被调查对象的权益而引发行政诉讼或宪法诉讼。

从《程序》的规定中可以找到更详细的说明：“在例外情形中，当 Ofcom 认为有必要履行《2003 年通信法》赋予的职责以确保能够为社会成员（和其他所有人）提供充分保护，以便他们在节目中受到不公正对待和无端被侵犯隐私时，可以在缺少‘受到影响者’投诉的条件下考虑公正问题。在这些例外情形中，Ofcom 将提前安排它计划遵循的程序。这些程序将与常规程序相似，但将适当改变以确保它们在特定情形下是公正的。”[22]

这一规定比较抽象，规定中并没有具体列明何为“例外情形”，仅指出其目标是“防止社会成员（和其他所有人）在节目中受到不公正对待和无端被侵犯隐私”。结合 Ofcom 的具体监管实践和规范性文件的总体要求判断，被 Ofcom 认定的监管对象的行为严重违反“适当公正性”原则的情形都可能成为“例外情形”。换言之，一旦 Ofcom 认为有必要，它就可以随时发起针对境内除 BBC 外的任何一家国内外媒体的

“公正性”调查。前文提到的针对外媒违背“公正性”的调查，大多是由 Ofcom 主动发起的。

为了避免决策失误所带来的消极影响，除了调查中涉及的实质性问题可以在调查的不同阶段由相关主体进行陈述、答辩外，Ofcom 还在其《监管调查执行指南》（*Enforcement Guidelines for Regulatory Investigations*）中规定了对调查程序本身进行投诉的事项：第一，负责对程序问题投诉进行处理的主体。该主体是 Ofcom 的程序官(Procedural Officer)。第二，所受理的投诉的问题范围。程序官受理的引发程序投诉的问题有以下五个方面：(1) 当事人回应信息请求、提交文件或提供陈述的最后期限；(2) 在 Ofcom 提议发布或披露的文件中编辑机密信息的请求；(3) 披露或不披露 Ofcom 在案卷上的特定文件或信息的请求；(4) 与口头听证程序有关的问题；(5) 调查过程中可能出现的其他重大程序问题。最后，当事人（被调查对象、投诉人或第三方）将有机会通过电话或会议口头陈述其论点，而程序官的最终决定将以书面形式提交给申请人，并且对案件小组和决策者产生约束力。㉓

Ofcom 对 CGTN 的处理正是按照第二种模式启动的。在本案中，CGTN 的牌照持有者 SCML 也明确提出，应当认识到 Ofcom 是通过“主动监控”的方式关注到 CGTN 关于香港修例风波的节目的，而不是通过观众投诉“被动关注”的。尽管如此，Ofcom 仍坚持认为“这与被许可人遵循公正性原则的义务或自己对其遵循情况的评估之间没有关系”㉔。Ofcom 在主动启动对 CGTN 五期节目的调查程序后，向 CGTN 的牌照持有者 SCML 发出通知，要求其对自身遵循“适当公正性”原则的情形进行答辩。

### （二）Ofcom 在实体层面针对“适当公正性”原则的理解与适用

Ofcom 针对 CGTN 五期节目启动调查程序，并在此基础上做出相关裁决，其理由是 CGTN 五期节目未能遵循“适当公正性”原则对发生在香港的事件进行报道。Ofcom 对“适当公正性”原则的适用按照以下逻辑展开。

第一，首先明确“适当公正性”不同于以往“公正性”的严格限制，承认实现“适当公正性”的手段可以是多样化的：“《守则》和《指南》都明确了一点，即‘适当’（due）是一个关于‘公正性’概念的重要限定词。‘适当公正性’并不意味着必须给每个观点平均的时间划分，或者每一种观点都应该被体现。适当公正性可以通过许多方式得到维护，并且它对于广播者来说是一种编辑的决定（editorial decision）——关于如何实现它的决定。”[25] Ofcom 进一步呼应《指南》中的要求，重申实现公正性的途径可以根据主题、节目和频道的类型、观众关于内容可能的期望，以及观众接收到内容和渠道的范围而有所不同。

第二，Ofcom 提出播出评论（comment）本身并不是对“适当公正性”原则的违背，无论是批评还是支持任何政治组织或选举产生的政治家的政策和行动，只要遵循“适当公正性”原则的要求，任何广播者都可以这么做。但是，Ofcom 还提出，依据特定事件的特别情况，有必要反映来自各方的甚至是“冲突性的”（alternative）观点，或者以合适的方式提供事件发生的“背景环境”（context），以保证《守则》第 5 条能够被遵从。[26] 这是“适当公正性”原则的“背景环境”要求。在 Ofcom 看来，本案中 CGTN 的涉案节目报道的是政治冲突中的事务，而这一节目中的评论倾向为“对香港抗议者进行批评”，同时传达了来自香港特区政府和警方的观点。Ofcom 就此认为，在这样的事务报道中，CGTN 应当以合适的方式呈现“冲突性的观点”，而 CGTN 没有做到。根据《守则》第 2 条规定，在节目中介绍节目内容发生的“背景环境”不可或缺。“背景环境”包括一系列要素，比如节目的“编辑性内容”、材料得以广播的服务，以及观众的期待。CGTN 的节目被认为没有充分介绍节目内容发生的“背景环境”。

第三，Ofcom 认为相关节目是否遵循“适当公正性”原则的要求并不只通过一个节目本身来判断，广播电视机构可以通过相应的编辑，使一些节目具有内在关联性，在时间的进程中实现“适当公正性”。这就是“适当公正性”原则的“编辑性连接”要求。根据《守则》第

5.11条的要求，在新闻报道中，可以通过以下方式实现“适当公正性”，即连续几天在一系列有明确联系的“特别”新闻报道中播出对某一特定问题的不同观点，而这些报道分别侧重某一特定主题的特定观点。根据每一个案例中的情况，这种编辑手段可以确保遵循了《守则》第5.1条，只要它清楚地标注给观众，也符合《守则》第5.6条的要求。[27] Ofcom认为CGTN的单次节目没有依循“适当公正性”原则的要求，其相关的五期节目也没有体现出“明确的关联性”，因而也没有在“时间的进程中”实现“适当公正性”。

在这一过程中，CGTN牌照持有者SCML在不同阶段也根据Ofcom所给出的意见进行了答辩，针对CGTN在上述相关节目中如何践行“适当公正性”原则的做法做出了详细说明。

其一，针对Ofcom规定的“影响适当公正性实现途径的因素”，SCML说明：“第一，CGTN的英国观众规模相当小；第二，观众不太可能会对节目中的中国观点感到惊讶，并且能够在一个大的背景环境中评估这些观点，尤其是当这些观众可能已经注意到主流媒体的观点时；第三，观众也许想要看到关于新闻事件的不同观点，尤其是一个不受英国广播者约束的、来自中国频道的代表中国视角的观点。”[28] SCML意在证明，CGTN对“适当公正性”的实践受以上因素影响而表现出自身的特点。然而，这些解释没有得到Ofcom的正面回应。

其二，针对Ofcom提出的在节目中提供“冲突性的观点”的要求，SCML则认为，节目中已经提供了各种“冲突性的观点”，并且也给出了播出的属于“冲突性的观点”的证据。[29] 然而，Ofcom认为这些证据大多不构成“冲突性的观点”，且即使构成“冲突性的观点”的部分也是“非常有限的”或“不充分的”。[30] 在介绍“背景环境”的问题上，SCML提出在节目中提供了相应的“背景环境”，如在抗议活动对香港经济和旅游产业构成负面影响方面提供了一些事实细节。虽然这一点得到了Ofcom的承认，但是Ofcom又认为，由于缺少更深层的“背景环境”，节目中关于“背景环境”的介绍反而“促成了该节目的偏颇性质”，而且 Ofcom 认为 CGTN “并不承认或试图探索在近期事件上有任何与香港特区政府相反的观点”。[31]

其三，针对 Ofcom “编辑性连接”的要求，CGTN 认为它在 2019 年 8 月 25 日、9 月 6 日、9 月 18 日播出的新闻节目中都报道过与 8 月 31 日的 The World Today 节目相关联的抗议者的观点。然而，Ofcom 却并不认为这三期节目“在《守则》的意义上可被视为与本期节目存在编辑性连接”，声称在这期节目中“没有任何材料清晰地指向，以及潜在地连接到牌照持有者列举的其他三期节目（比如说‘其他节目同样会讨论有关香港抗议的议题’）”。[32]

## 三、监管 CGTN 过程中存在的程序与实体问题

Ofcom 对 SCML 和 CGTN 的调查—处罚有其法律依据。然而，Ofcom 所使用的法律规则本身是否逻辑自洽，以及调查处理是否都严格按照 Ofcom 所规定的方式进行，尚有许多值得探讨之处。下文将结合本案的调查过程，从程序与实体层面分析“适当公正性”原则及其适用。

### （一）监管主体在程序层面的问题

程序层面关于“适当公正性”的争议包括针对调查—处罚的启动程序、有关决策过程的规定、决策救济的规定，以及相关规定在应用中是否得到了严格遵循。

第一，由于对何为“例外情形”——正如前文所介绍和分析的——没有具体的列举，这使广播电视机构在具体把握和判断时面临更大的不确定性，难以在事前判断是否会有被监管机构主动启动调查程序的风险，从而使自身的运营、对相关规则要求的履行陷入被动的境地。同时，这类主动启动的调查程序不同于基于投诉而进行处理的常规程序，导致被调查对象不能很好地利用那些为被调查对象设计的、针对常规程序的异议而预留的救济措施。这在具有“程序正义”传统的英国，也是令人遗憾的。

第二，参与调查—处罚各阶段决策的 Ofcom 的成员构成过于单一，且此案决策进行的方式也未能严格遵守《程序》的规定。这也是关乎调查—处罚的公正性的程序性问题。[33]根据《程序》第 1.27 条[34]、第 1.33 条[35]，参与对被处罚对象做出处罚初步意见和终审裁决决策的成员主要包括由 Ofcom 内容委员会成员组成的小组（就草案提供咨询意见）、Ofcom 领导层的一名高级成员（做出决定）。为了保证决策制定的公正性，围绕同一案件终审裁决阶段参与决策的内容委员会成员小组、Ofcom 领导层高级成员，与初步意见阶段参与决策的内容委员会成员小组、Ofcom 领导层高级成员不能是同一批人，且他们所负责的具体工作互不重合。结合 Ofcom 内容委员会第 163 次、第 164 次会议纪要发现：一方面，除了艾利森·马斯登（Alison Marsden）当时是第一次作为执行成员参与会议外（且并无直接证据显示此人负责本案最终裁决的决策），两次内容委员会会议成员的构成完全一致；另一方面，第 163 次会议并未就 CGTN 相关节目是否违背“适当公正性”提供咨询意见，而是重点讨论 CGTN 的许可证及所有权的归属问题，直到第 164 次会议才第一次涉及“公正性”问题，而且也正是在这次会议上，Ofcom 内容委员会在未经过“形成初步意见”“举行听证会”“考虑第三方陈述”等必要环节的前提下，决定直接宣布最终决定，启动后续针对违规情形的法律制裁程序。

**（二）实体层面关于“适当公正性”的争议**

除了在程序方面存在不能令人信服之处外，在实体规则适用方面，Ofcom 在调查—处罚过程中对“适当公正性”的理解与适用也存在可质疑之处。

第一，《守则》将判断“适当公正性”确定为一种“编辑的决定”，意味着“适当公正性”的实现是应当由媒体编辑负责的范畴。但是，正如前文所分析的，对“适当公正性”原则的判断需要借助于很多条件和参照，由 Ofcom 认定的事实，以及它所阐释的、适用“适当公正性”的要求并不具备完全的说服力。比如，按照《守则》第 5 条的规定，

“适当公正性”不要求媒体对涉及冲突的各方观点予以平等的时间划分，也不要求必须呈现所有观点，但若以“失衡”的权重或以“选择性呈现”的方式展示各种观点，又带来违背“公正性”要求的指控：“平衡”“充分”应到何种程度？如果摒弃以往绝对平均的时间分配，可行的替代方案又是什么？此外，根据Ofcom的规定，影响“适当公正性”具体实现途径的因素包括主题、节目和频道类型、观众对内容可能的期待及接收内容的渠道和范围。CGTN对此进行了有针对性的答辩，认为自己按照《守则》的要求践行了“适当公正性”原则。比如，CGTN的英国观众规模较小（接受内容的范围）。又如，CGTN将频道的任务确定为：“通过自身搭建的平台，聚焦那些经常被其他国际媒体漏报、少报的国家、地区和新闻事件。”[36]再如，从“观众对内容可能的期待”上看，CGTN明确指出：“向我们的观众提供的中国视角，往往相对于西方主流媒体而言是具有冲突性的（alternative），这意味着CGTN的英国观众所期待的很可能与像BBC这样的英国广播机构的观众有所区别。”[37]但是，Ofcom武断地不接受这些答辩。

第二，Ofcom对“一定数量的冲突性的观点”和“背景环境”的规定与适用也存在冲突：（1）认为仅提供画面而不加以解释不构成“冲突性的观点”；（2）认为概括地提供国际媒体观点并不充分；（3）认为提供“冲突性的观点”后不能再做出任何评价；（4）认为围绕有争议人士的不同观点本身不构成“冲突性的观点”。

第三，Ofcom强调的节目的“编辑性连接”要求，在适用中往往难以达到预期的效果。考虑到“适当公正性”原则的复杂性、电视媒介的时间向度，以及电视新闻节目的滚动播出形式等因素，一般来说，在一系列关于同一事件的新闻节目中清楚地标注前后之间的联系，提示观众在即将播出的节目中还有不同的观点，就是履行了“适当公正性”原则的要求。本案所涉及的The World Today和China 24的几期节目都是报道发生在香港特区的同一事件随着时间发展的不同阶段和不同侧面的情形，这就是节目之间最本质的连接，CGTN通过相关的采访和编辑持续报道出来，何以不构成“编辑性连接”呢？可见，Ofcom 将“不存在编辑性连接”作为处罚 CGTN 的事实依据本身是不成立的。由此，这一处罚的公正性基础便需要考虑。进而言之，“编辑性连接”的要求在实践中真的有符合立法初衷的效果吗？正如菲奥娜·麦克唐纳(Fiona MacDonald) 在分析 ITV 2019 年的一期电视竞选辩论节目时所发现的，受两档节目播出时间、前后语境、内容质量等因素的影响，即便操作上已经交代了“连接”，结果上未必能够真正地建立起“连接”：“在节目的播出过程中，是否明确告知观众晚上 8 点播出的当面辩论与 10 点的竞选采访之间存在编辑性连接？主持人确实在节目开头提到过一句……然而，这是否足以将两档节目连接起来？……对于一些人来说，这两档节目完全不可能相提并论。电视辩论中充斥着大量的广告，采取拳击比赛一样的形式，在黄金时间播出，以及节目播出时和播出后立即进行大量的在线聊天和回应。当面辩论与竞选采访相比，后者的广告主题要少得多，在更晚的时间段播出，而且被上述辩论后的闲聊掩盖。”㊳

### （三）被处罚对象在应对方面存在的程序问题

应当指出的是，在 Ofcom 针对本案的调查过程中，无论是作为被监管对象的 CGTN，还是作为 CGTN 牌照持有者的 SCML，它们应对调查的方式都有需要反思的地方，这主要体现在未能按决策程序规定时间提交相关材料上。根据《程序》第 1.31 条、第 1.38 条，当事人应在规定阶段提交陈述、材料和证据，并遵守本程序规定的时限。除了投诉、受理决定环节外，《程序》所要求的各环节的时间限制如表 1 所示。

**表 1 《程序》所要求的各环节的时间限制（投诉、受理决定环节除外）㊴**

| |
|---|
| 1. 广播电视机构在 Ofcom 决定受理投诉的同时，在 20 个工作日内就投诉提供陈述 |
| 2. 投诉人在收到 Ofcom 的初步意见后，在 10 个工作日内提供陈述 |
| 3. 广播电视机构在收到 Ofcom 的初步意见和投诉人陈述后，在 10 个工作日内提供陈述 |

续表

| |
|---|
| 4. Ofcom 在受理投诉 90 个工作日内完成对公平和隐私投诉的审议和裁决 |
| 5. Ofcom 在公布最终裁决前 1 个工作日向广播电视机构和投诉人提供禁止发布的终审草案副本 |

与此同时，《程序》也预留了一定空间，表示“出于公平和/或适当考虑投诉”的目的，可以在特定情况下修改或调整，但投诉人、广播电视机构应以书面形式向 Ofcom 解释其寻求延长时限的正当理由，且是否适当延期的最终决定权仍然掌握在 Ofcom 手中。在本案中，作为 CGTN 牌照持有者的 SCML 未能在 Ofcom 所要求的时间限制内提供“适当”的回应，间接导致了 Ofcom 所做出的最终决定不利于 CGTN。根据《广播与点播公告》，在通过“定期监控”注意到有关节目的公平与隐私“投诉”之后，Ofcom 曾经就 The World Today 和 China 24 两档节目先后于 2019 年 9 月 17 日、11 月 17 日致函 SCML 并要求其提供陈述，后者回复的时间分别为 10 月 14 日和次年 1 月 13 日；此外，Ofcom 在 2020 年 2 月 18 日向 SCML 发去了初步意见并要求后者提供陈述，后者则到 3 月 17 日才给予回应[40]。从 SCML 的反应速度上看，确实存在一定程度的滞后。而且，尽管 Ofcom 为广播电视机构延迟递交材料预留了解释的机会，但是从公开文件来看，本案中 SCML 似乎并没有很好地利用这一机会。

## 四、结论

英国传媒监管机构所运用的包括“适当公正性”在内的原则存在一定程度的不确定性，所做出的裁决也存在令人质疑之处。但这并不意味着仅仅表达义愤和进行谴责就可以解决问题。从更根本的国家民族利益角度考虑问题，应该遵循祖先的教诲——知己知彼，百战不殆。在一个具体的环境中进行相关活动，必须了解相关法律规范。如果对其传媒监管规则、程序缺乏充分的认识，既无法对其中的问题提出准确、有力的批评，更无法为我国今后的国际传播工作提供更具有实际价值的合规性指导。换言之，在没有充分了解该国具体传媒监管体系的前提下贸然批评，无法真正切中要害。其实，为了保证在英国顺利开展经营业务，CGTN 也曾聘请 Ofcom 董事会原非执行委员尼克·波拉德（Nick Pollard）作为合规性顾问，此人于 2019 年离职，又于 2020 年 8 月再度加盟 CGTN。类似这样的专家若能继续为 CGTN 提供业务的合规性指导，无疑能够加深 CGTN 对 Ofcom 监管体系的认识和把握。同时，英国作为判例法的发源地，前期的相关判例及其处罚往往具有重要的参考价值，比如俄罗斯前特工中毒事件报道就极具代表性，不妨进一步分析和梳理，并从中汲取有益经验和应对之策。

随着国际竞争、利益冲突的进一步加剧，我国的国际媒体越发受到“关注”，出于各种理由被英、美等国的媒体监管机构“制裁”的频率也有所增加。2020 年 2 月，美国国务院将五家中国新闻机构在美国的分支列为“外国外交使团”，加强了对中国国际媒体的限制；时隔一年，Ofcom 又以“不当持有牌照”为由撤销了 CGTN 在英国播出的许可。考虑到今后或许还将面临更为复杂、多变的形势，我国要做到“双管齐下”，完善事前的风险评估、防控机制，提高事后的处置、应对能力。作为“事业单位”的国际媒体机构，不妨参考我国企业向海外拓展市场时的要点——评估风险与建设安全软环境并重。既要增强风险意识，积极研判所在国的安全形势，提高分析判断能力和风险识别能力，加强对所在国和地区政治、经济、法律、风俗等方面的研究，对可能存在的风险进行动态评估；又要在日常工作中做到坚持守法经营、履行社会责任、融入当地社会、重视宣传交流等。[41] 在事后，要针对制裁进行积极回应，努力将损失降到最低。从媒体角度看，应当在继续提升业务水平的同时，在传播对象国法律规则的框架下，最大限度地把握、利用好自主申辩、司法救济的机会，及时争取、维护好自身的合法权益。

## 参考文献

①⑮ WALLACE S. Impartiality in the news [M] //FOWLER-WATT K, ALLAN S. Journalism: new challenges. Bournemouth: Centre for Journalism & Communication Research Bournemouth University: 65 - 66.

② Ofcom. Ofcom Broadcasting Code: Section Five: Due Impartiality and Due Accuracy and Undue Prominence of Views and Opinions [EB/OL]. (2005 - 07 - 01) [2021 - 08 - 24]. https://www.ofcom.org.uk/__data/assets/pdf_file/0027/35856/broadcast-code-2005.pdf.

③ Ofcom. Legacy codes [EB/OL]. (2020 - 12 - 31) [2021 - 08 - 24]. https://www.ofcom.org.uk/tv-radio-and-on-demand/broadcast-codes/legacy.

④⑤ BBC Academy. Impartiality [EB/OL]. (2013 - 07 - 02) [2021 - 08 - 24]. https://www.bbc.co.uk/academy/en/articles/art 20130702112133788.

⑥ MCQUAIL D. McQuail's mass communication theory [M]. 4th ed. London: SAGE Publications Ltd, 2000: 321.

⑦ HARCUP T. Journalism: principles and practice [M]. 2nd ed. London: SAGE Publications Ltd, 2009: 83.

⑧ BAILEY R. When journalism and satire merge: the implications for impartiality, engagement and 'post-truth' politics: a UK perspective on the serious side of US TV comedy [J]. European Journal of Communication, 2018, 33 (2): 200 - 213.

⑨ BÉLAIR-GAGNON V. Revisiting impartiality: social media and journalism at the BBC [J]. Symbolic Interaction, 2013, 36 (4): 478 - 492.

⑩⑪⑫㉗ Ofcom. The Ofcom Broadcasting Code [EB/OL]. (2019 -

01-01) [2021-08-24]. https://www.ofcom.org.uk/__data/assets/pdf_file/0016/132073/Broadcast-Code-Full.pdf.

⑬ CUSHION S, LEWIS J. Impartiality, statistical tit-for-tats and the construction of balance: UK television news reporting of the 2016 EU referendum campaign [J]. European Journal of Communication, 2017, 32 (3): 208-223.

⑭ FLOOD C G, HUTCHINGS S, MIAZHEVICH G, et al. Between impartiality and ideology: the BBC's paradoxical remit and the case of Islam-related news [J]. Journalism Studies, 2011, 12 (2): 221-238.

⑯ Courts and Tribunals Judiciary. RT v Ofcom approved judgment 27.3.20. [EB/OL]. (2020-03-27) [2021-08-24]. https://www.judiciary.uk/wp-content/uploads/2020/03/RT-v-Ofcom-approved-judgment-27.3.20-1.pdf.

⑰⑱㉔㉕㉖㉘㉙㉚㉛㉜㊱㊲㊵ Ofcom. Ofcom Broadcast and On Demand Bulletin: Issue 403 [EB/OL]. (2020-05-26) [2021-08-24]. https://www.ofcom.org.uk/__data/assets/pdf_file/0031/195781/The-World-Today-and-China-24,-CGTN.pdf.

⑲ Ofcom. Decision: Star China Media Limited (due impartiality) [EB/OL]. (2021-03-08) [2021-08-24]. https://www.ofcom.org.uk/about-ofcom/latest/bulletins/content-sanctions-adjudications/decision-star-china-media-limited-due-impartiality.

⑳㉒㉞㉟㊴ Ofcom. Procedures for the consideration and adjudication of Fairness and Privacy complaints [EB/OL]. (2017-04-03) [2021-08-24]. https://www.ofcom.org.uk/__data/assets/pdf_file/0031/57388/fairness-privacy-complaints.pdf.

㉑ Ofcom. How Ofcom deals with other TV and radio complaints [EB/OL]. (2021-08-24) [2021-08-24]. https://www.ofcom.

org. uk/tv-radio-and-on-demand/advice-for-consumers/how-ofcom-deals-with-complaints.

㉓ Ofcom. Enforcement Guidelines for regulatory investigations [EB/OL]. (2017-06-28) [2021-08-24]. https://www. ofcom. org. uk/__data/assets/pdf_file/0015/102516/Enforce ment-guidelines-for-regulatory-investigations. pdf.

㉝ Ofcom. Ofcom's approach to enforcement: revising the Enforcement Guidelines and related documents [EB/OL]. (2017-06-28) [2021-08-24]. https://www. ofcom. org. uk/__data/assets/pdf_file/0016/102517/Ofcoms-approach-to-enforcement. pdf.

㊳ MACDONALD F. How many leaders does it take to have a fair debate on TV? [EB/OL]. (2020-01-07) [2021-08-24]. https://chambers. com/articles/how-many-leaders-does-it-take-to-have-a-fair-debate-on-tv.

㊶ 中华人民共和国外交部. 中国企业海外安全风险防范指南 [EB/OL]. (2012-11-16) [2021-08-24]. http://www. gov. cn/bumenfuwu/2012-11/16/content_2598155. htm.

# 致　谢

学术写作是一个充满艰辛的过程，也是一个不断发现未知的过程，其间有过百思不得其解时的困惑、徘徊，有过茅塞顿开时的兴奋、狂喜，更多的时候则是在一条不被外人理解的、艰难求索的道路上孤独前行。有一个绝妙的比喻可以形象地说明我现在的感受——它将人类的知识比作一个圆，圆内是既有的知识，圆外是未知的空间，科研活动就是要在圆内边界的某一个点上进行集中突破，一旦突破就将向外扩大整个圆的面积，但总体来看这只是这个硕大无朋的圆上的一个点而已，同时未知的空间也随着既有知识边界的外扩而变得更大了——这样看来，在无穷无尽的未知面前，我们自己是多么渺小，我们的努力是多么壮怀激烈啊！就像庄周曾经感慨的："吾生也有涯，而知也无涯。以有涯随无涯，殆已。"在这件事情上，更让我感动的是古希腊神话中西西弗斯的态度，他不得不日复一日地滚着巨石上山、下山，就如太阳每天的东升西落一样，不断重复着看似简单而无意义的活动。这种荒谬感难道不正是我们生活在其中的日常本身吗？也许在西西弗斯看来，并不是远处的山顶指引着前进的方向，因为脚底的沙砾、山腰上盛开的野花都昭示着来时的路，都给予他心灵的慰藉！

尽管如此，单从本书主题来看，我又是非常幸运的，是很少有西西弗斯一般的感慨的，甚至可以说是带着某种崇高的使命感去写作的，因为我们都相信"他山之石，可以攻玉"，这一类国别研究的价值就体现在带着某种问题意识对他国材料充分占有和有效梳理，为将来进一步做比较、谈启发，寻找对本国的借鉴意义打下坚实的基础。作为老牌资本主义强国的英国，其传媒机构、传媒产品有着广泛的影响，这背后与该国以“公共利益”为核心的独特的传媒规制体系紧密相连，尤其是考虑到该国历经长达五百多年的现代化转型，相对于早已成为研究标本的美国而言，更是一座有待持续开采的富矿；对于正处在现代化转型攻坚阶段的中国来说，来自英国方面的启发和借鉴或许更具针对性。

在此，首先，我想感谢我的导师、传媒法学者李丹林教授。作为李老师指导的第一个博士生，我受到了李老师在各个方面无微不至的指导和关心。早在入学之初，李老师就专门针对我此前相对单一的新闻传播学学科背景量身定制了一套科学、系统的学习方案，她为我开具的阅读清单中包括来自法学、政治学、历史学、社会学、新闻传播学等方面的著作、论文和其他文献，她鼓励我先从根源上去理解和把握本专业方向“传媒政策与法规”专业知识中蕴含的更深层的观念。除了做必要的知识积累，建立起知识框架外，李老师更以言传身教的方式向我展示了她严谨、细致的治学态度。比如，我曾多次见到李老师在闲暇之时不忘修改论文、回复邮件、商讨课题安排等。又如，在一次单独指导中，她语重心长地向我提出建议，希望我“遵从内心最真实的想法”“切忌立场先行”，这一下就打开了自本科以来就一直困扰着我的心结。此外，李老师一直以积极、阳光的心态迎接工作和生活，有着十分高雅的兴趣和品位，这些都深深地感染了我，也使我下定决心要以她为学习的榜样和模范。本选题的最终确定受到了李老师的正面影响，从早期参与李老师负责的课题开始，我就一直在接触、熟悉相关材料，随着研究进一步聚焦和深入，逐渐提炼出“公共利益”这样一个贯穿全书的核心概念，由此也搭建起支撑整本书的结构和框架。

其次，我想感谢在本书写作过程中给予我帮助、指导和鼓励的魏永征、王四新、郑文明、刘文杰、郑宁、陈新欣、张文祥、韩新华、李继东、彭桂兵、黄典林等各位前辈。他们的观点之间相互交锋、碰撞产生的“星星之火”燃烧成了“可以燎原”的熊熊烈焰，为还在黑暗中摸索的我指明了道路。他们针对本书的尖锐批评，促使我更深入地理解相关问题，去更广泛地寻找论据以支撑自己的观点。他们提出的种种问题，仅仅以我自己有限的知识和精力是很难发现和领会的，而他们给予的建议和鼓励使我更有信心去克服研究中遇到的困难，在此一并表示感谢！

再次，我还想对我的“青椒”朋友们表示感谢。他们是孙浩、孙钰、李晶、屈高翔、冯帆、杨勇、叶珲、张烨、王悦等。他们为本书的修改和完善提供了帮助。

最后，我想感谢我的家人，正是他们的无私关怀、默默支持，让我很少为生活方面的琐事发愁，从而有可能一门心思地投入学习、研究之中。正如网上流传的一句话：“哪有什么岁月静好，不过是有人在为你负重前行。”回望自己多年来的求学、工作经历，尽管总体上比较顺利，我却很少意识到自己现在也已是“而立之年”。眼见父母渐生白发，想想自己还没能尽到孝心，真的是非常惭愧！在本书的修订过程中，我的外公外婆先后辞世，但愿本书的出版可告慰二老的在天之灵！也希望这份小小的成果给爷爷奶奶带来些许欣慰，祝愿他们身体健康、安享晚年。

不得不承认的是，由于个人的眼界、学识、精力和时间有限，目前呈现的研究成果与最初预期的目标之间仍然存在不小的差距，我希望今后能有机会在现有研究的基础上继续深入下去，丰富国内学界对英国传媒规制问题的理解，进一步对我国传媒改革事业提供一些借鉴。最后，引用唐代杜牧的一首《留诲曹师等诗》以自勉——“万物有丑好，各一姿状分。唯人即不尔，学与不学论。学非探其花，要自拨其根。孝友与诚实，而不忘尔言。根本既深实，柯叶自滋繁。念尔无忽此，期以庆吾门。”